O MAL-ESTAR NA CULTURA DIGITAL

CENÁRIOS CLÍNICOS E POLÍTICOS

Catalogação na Fonte
Elaborado por: Josefina A. S. Guedes
Bibliotecária CRB 9/870

M236m
2024

O mal-estar na cultura digital: cenários clínicos e políticos / Nádia Laguárdia de Lima, Juliana Tassara Berni, Márcio Rimet Nobre, Allisson Vasconselos (orgs.). – 1. ed. – Curitiba: Appris, 2024.
188 p. ; 23 cm.

Inclui referências.
ISBN 978-65-250-5582-4

1. Psicanálise. 2. Psicopatologia. 3. Digital. 4. Cultura. 4. Sociedade. I. Lima, Nádia Laguárdia de. II. Berni, Juliana Tassara. III. Nobre, Márcio Rimet. IV. Vasconselos, Allisson. V. Título.

CDD – 150.195

Livro de acordo com a normalização técnica da APA

Alguns capítulos deste livro resultam da pesquisa Que escola pós-pandemia? que contou com o financiamento da Fundação de Amparo à Pesquisa do Estado de Minas Gerais (FAPEMIG), conforme Edital nº 001/2021 - Demanda universal, processo APQ-01218-21.

Editora e Livraria Appris Ltda.
Av. Manoel Ribas, 2265 – Mercês
Curitiba/PR – CEP: 80810-002
Tel. (41) 3156 - 4731
www.editoraappris.com.br

Printed in Brazil
Impresso no Brasil

Nádia Laguárdia de Lima
Juliana Tassara Berni
Márcio Rimet Nobre
Allisson Vasconselos
(org.)

O MAL-ESTAR NA CULTURA DIGITAL

CENÁRIOS CLÍNICOS E POLÍTICOS

Appris editora

FICHA TÉCNICA

AGRADECIMENTOS

Este livro contou com muitas contribuições. Gostaríamos de agradecer àqueles que o tornaram possível:

A todos os participantes do Laboratório Além da Tela: Psicanálise e Cultura Digital, aos autores que compartilharam suas pesquisas, mas também aos alunos de graduação e pós-graduação da UFMG, e aos parceiros de outras instituições que participam ativamente da construção de um grupo de pesquisa vivo e dinâmico.

À artista digital Danielle Militiae, que nos presenteou com a bela imagem que ilustra a capa deste livro.

À Cínthia Demaria e à Júlia Freire Buére, pelo cuidado nas traduções.

Ao Domenico Cosenza, que prontamente aceitou nosso convite para escrever o prefácio.

À Sherry Turkle, pela generosidade em disponibilizar seu texto para nossa tradução.

À Universidade Federal de Minas Gerais, que, desde 2013, acolhe nosso grupo de pesquisa e incentiva nossas produções.

PREFÁCIO

Este livro aborda uma questão indispensável para pensarmos a psicopatologia contemporânea, sob a ótica do mal-estar que engendra o discurso e os laços sociais de nossa época, atravessados pelas implicações da Cultura Digital. Discussão esta que não pretende, de forma alguma, reduzir sociologicamente as características da sociedade contemporânea a um epifenômeno do discurso social dominante que permeia nosso mundo capitalista avançado. Trata-se de pensar como a tarefa fundamental do sujeito na perspectiva analítica pode encontrar seu espaço em uma nova ordem simbólica, mais exposta aos efeitos do ilimitado e marcada por uma precariedade estrutural das ancoragens simbólicas no século XXI.

No desenvolvimento do discurso capitalista, em 1972, Lacan já vislumbrava que o capitalismo iria sobressair em nossa sociedade, reabsorvendo até mesmo os sistemas ditos comunistas em sua lógica de funcionamento, dando vida a formas de capitalismo de Estado regidas por uma estrutura burocrática centralizada no poder, reedição coletivizada e anônima do discurso do mestre. A leitura deste livro nos leva a apreender, nessa mesma linha não ideológica, o modo como o discurso capitalista contemporâneo, que Miller atualizou na noção de discurso "ultramoderno", entra em relação de continuidade, e em parte de contradição interna, com as necessidades separativas próprias do sujeito diante da multiplicidade de artefatos tecnológicos que asseguram uma cultura que já é — pelo menos nos países de capitalismo avançado — parte da vida dos sujeitos, cuja informatização é pré-requisito para acesso até mesmo a serviços básicos.

O impacto notável da internet na vida contemporânea nas últimas décadas, especialmente amplificado durante a pandemia, que acelerou sua disseminação na população, foi particularmente evidente entre as gerações mais jovens. Desde cedo, acostumados com sua presença e uso, eles têm de fato integrado as ferramentas tecnológicas do dia a dia, como celulares, tablets e computadores, como se fossem extensões de si mesmos. O aspecto que este livro nos faz questionar diz respeito ao efeito desta entrada na era digital e ao impacto dos objetos tecnológicos no nosso cotidiano. Dito isso, considero fundamental não cair em representações ideológicas sobre este ponto. Não se trata nem de desvalorizar as novas tecnologias como sinal de um declínio da humanidade autêntica e da relação direta entre os seres humanos, nem de celebrá-la como sinal do progresso imparável da humanidade. Acredito que a entrada neste campo de forma clínica e crítica só é possível se primeiro formos além da dicotomia ideológica entre tecnofobia e exaltação digital. Trata-se de poder ler clinicamente o uso que um jovem pode fazer dela na economia de gozo de sua vida. No campo da psicanálise, a dimensão que realmente conta é a do caso a caso, do um a um. No entanto, isso não nos impede de identificar certos pontos de referência que possam guiar nossa investigação neste campo.

Um importante aspecto que diz respeito aos eixos que este livro aborda — entre o clínico e o político — é dado pelo fato de que a propagação da tecnologia digital, efeito extraordinário do desenvolvimento do discurso da ciência no campo da tecnologia da comunicação, tem relação com o discurso capitalista dentro do qual se desenvolveu. Quando os produtos da ciência ressoam com a orientação do discurso capitalista, o efeito ideológico do impulso ao seu consumo vinculado à negação do impossível é um fato estrutural. A esse respeito, a psicanálise tem uma responsabilidade frente à civilização, a de colocar em prática uma leitura que permita realocar a relação entre os produtos do discurso da ciência e o buraco da castração em torno do qual se estrutura o saber para o ser falante. Desmascarar o pseudodiscurso do capitalista, preservar a ciência de suas sempre possíveis repercussões cientificistas, mostrar que não existe um laço discursivo sem perdas para o ser falante, é a responsabilidade primeira do discurso psicanalítico.

Passando de uma perspectiva centrada na civilização para uma abordagem centrada no sujeito, é inegável que a digitalização do mundo e a constante imersão no uso de tecnologias digitais têm um impacto significativo na subjetividade, que merece ser investigado. A escuta desses efeitos, singulares e amplificados em cada contexto, serão trabalhados nos textos desta obra, sob diferentes perspectivas e fontes de mal-estar contemporâneas.

Outro aspecto que vale a pena ressaltar é em torno de um intenso debate que tem surgido em relação ao papel da realidade virtual e seus impactos no desenvolvimento dos jovens durante a adolescência, desde o momento em que o uso da internet se tornou uma parte comum da vida deles. Nesse contexto, é comum a tentação de adotar posturas ideológicas distintas. De um lado estão aqueles que têm saudades de uma realidade onde os encontros e relacionamentos aconteciam principalmente em situações presenciais, que lutam para não enxergar na crescente virtualização da experiência algo mais do que um processo prejudicial que aliena a vida humana.

Esse debate é especialmente relevante quando se trata de pré-adolescentes e adolescentes, cuja identidade ainda está em construção. Por outro lado, os defensores da ideia de uma sociedade pós-humana estão empenhados em reconhecer os riscos intrínsecos à virtualização desse processo. Eles buscam trazer à luz as potenciais ameaças que podem ser obscurecidas pela visão idealizada de uma humanidade futura que se adaptou e transformou por meio da incorporação de produtos tecnológico-científicos que agora fazem parte integrante de nossa vida cotidiana.

É preciso levar em conta que a internet não é inerentemente boa ou ruim — aspecto que os textos deste livro irão percorrer de forma incisiva. É o uso que fazemos que pode nos permitir fazer dela o caminho de um tratamento discursivo do excesso pulsional, que tira seu alcance mortífero ao reduzi-la a um resíduo; ou, ao contrário, pode nos levar a torná-la um fator de propagação viral do próprio excesso que potencializa seus efeitos devastadores e, portanto, um potencial facilitador da pulsão de morte. É sempre necessário perguntarmo-nos: *qual é a função que a internet oferece para esse ou para aquele sujeito?*

Também neste caso parece necessário reposicionar a questão em termos não ideológicos, evitando atribuir um valor de julgamento ao "virtual", mas tentando inscrevê-lo no discurso do sujeito, para apreender a função que aí efetivamente desempenha. Mas antes mesmo de entrar no plano clínico do caso a caso, eu diria que é preciso verificar se a dimensão virtual tem o estatuto de semblante para o sujeito, ou seja, se é estruturado de acordo com as leis do significante que regulam o funcionamento discursivo deixando um lugar para a perda e para o resto de gozo. Nesse caso, o virtual, por mais penetrante que se torne na vida de um sujeito — emergindo-o, por exemplo, em uma segunda vida em que ele se apresenta sob outro nome e em outro sistema de relacionamento —, não o é a ponto de elidir a dimensão real do impossível como pivô estrutural do laço social. A condição do adolescente neurótico quanto ao laço muitas vezes penetrante com o uso de aparatos tecnológicos parece responder propriamente a esse tipo de condição. O uso desregrado do smartphone ou do computador, o deslocamento dos seus laços sociais para o campo virtual, que já fazem parte do cotidiano da maioria de nós, não eliminam, todavia, a diferença estrutural entre o semblante e o real: são antes formas de lidar com o impossível da perda no caminho do laço virtual com os outros, recuperando algo, por via imaginária, neste cenário a distância, na tela, de um gozo relativo ao campo do objeto escópico e vocal. A verdade como mentirosa, como algo que só pode se dizer pela metade, como estrutura ficcional, de que nos fala Lacan em seu último ensinamento, continua aqui operante na relação do adolescente com o mundo virtual. O sujeito sabe que esta segunda vida virtual não é exatamente a mesma que encontra quando a tela é desligada e reconectada com o mundo social e familiar ao seu redor. A sua "segunda vida" *online* pode se tornar para ele uma forma de responder ao insatisfatório ou insuportável que encontra na vida fora da tela. A dimensão da crença continua a conservar o seu lugar, que não foge ao espaço da dúvida, sem precipitar na certeza. Em todo caso, o sujeito neurótico está sempre, mesmo quando se movimenta no campo virtual, orientado pela bússola de seu próprio fantasma. No entanto, isso não implica que ele esteja imune aos efeitos alienantes de uma vida social que se desenrola principalmente *online* ou de uma imersão profunda nos mundos virtuais da rede. Sua vida *off-line* também pode ser impactada ou continuar a ser condicionada por essas experiências.

Este livro nos desafia a considerar como o discurso capitalista contemporâneo entra em diálogo com a busca do sujeito pela construção de uma bússola de orientação pulsional em um mundo que muitas vezes parece ignorar o significado da perda. Os desdobramentos, por outro lado, precisam ser considerados de forma singular.

Concluo dizendo que este livro nos oferece um fortuito campo para pensarmos a psicopatologia contemporânea, bem como as implicações e os impactos sociais e psíquicos trazidos pela Cultura Digital, na singularidade de cada um. Sem dúvida, ele abre muitas portas de investigação a serem exploradas na subjetividade de nossa época.

Domenico Cosenza
Psicanalista
Departamento de Psicologia da Universidade de Pavia
Associação Mundial de Psicanálise (AMP) e Instituto Freudiano

Milão, outubro de 2023

Tradução: *Cínthia Demaria*

SUMÁRIO

SEÇÃO 3
AS AMEAÇAS DECORRENTES DAS INTEMPÉRIES NATURAIS

APRESENTAÇÃO

No décimo ano do laboratório de pesquisa e extensão Além da Tela: Psicanálise e Cultura Digital, da Universidade Federal de Minas Gerais (UFMG), aproveitamos a oportunidade para retomar o clássico freudiano *Das Unbehagen in der Kultur*, publicado em 1930. Elaborado em 1929, no contexto da "grande depressão econômica" ocasionada pela quebra da bolsa de Nova Iorque e posterior à traumática experiência da 1ª Guerra Mundial, o texto revela o desencanto do autor para com o desenvolvimento científico e tecnológico, que proporciona não somente avanços culturais e sociais, mas também segregações, violências e mortes, além da destruição do patrimônio cultural.

Se a cultura abrange o saber que os seres humanos adquiriram para contornar sua precariedade constitucional e os dispositivos necessários para regular as relações sociais, as três principais fontes de sofrimento humano — o corpo, as forças da natureza e os laços sociais — mostram o fracasso desse projeto. O mal-estar apresenta-se na finitude do nosso corpo, na força incontrolável da natureza e na fragilidade dos laços sociais. O real é o nome desse obstáculo ao trabalho da cultura.

Embora publicado há quase um século, o texto surpreende-nos pela sua atualidade. Sua originalidade está em revelar que a impossibilidade de se alcançar a plena felicidade ocorre não só pelo conflito entre as exigências culturais e as forças pulsionais, mas, principalmente, pelo antagonismo entre Eros e a pulsão de morte.

A indissociabilidade entre o psíquico e o social indica que os sintomas se articulam aos laços discursivos predominantes em cada época. A Era Vitoriana foi marcada por forte repressão moral, que impunha uma barreira ao gozo. A cultura capitalista neoliberal é marcada pelo imperativo de gozo. O declínio da ordem simbólica e a ascensão do objeto *a* na cultura produzem sintomas marcados por um excesso de gozo, desvinculado do Outro, com incidências no laço social.

A internet e as tecnologias digitais surgem no final do século XX como um produto da estreita associação entre a tecnociência e o mercado. A cultura digital ergue-se no apogeu do neoliberalismo como resultado do lugar de centralidade que as tecnologias digitais passaram a ocupar na vida social. Parece claro que as ressonâncias sociais e subjetivas da expansão tecnológica se fazem sentir em todas as fontes de mal-estar e sofrimento humano apontadas por Freud. A partir dessa premissa, indagamo-nos: o que caracterizaria o mal-estar na cultura digital?

Este livro busca analisar as formas como se apresenta o mal-estar na cultura digital, destacando alguns cenários clínicos e políticos. Nesse sentido, traz reflexões advindas de pesquisas individuais e coletivas desenvolvidas no âmbito do laboratório, além de elaborações teóricas e clínicas realizadas por seus parceiros e interlocutores.

Em tempo, é preciso ainda assinalar que o texto de Freud atualmente conta com pelo menos duas traduções: *O mal-estar na civilização*, em edições como aquelas produzidas pela Imago e pela Companhia das Letras, e *O mal-estar na cultura*, na edição recentemente lançada pela Autêntica. Nesse livro, optamos por respeitar a escolha dos autores pela tradução de sua preferência na escrita dos textos.

O mesmo não se deu em relação ao contexto que serve de mote para a retomada do artigo freudiano, compreendido como um novo padrão cultural, marcado pela linguagem dos números, logo, cultura digital. De modo geral, entendemos por cultura a colonização e seu cultivo, colonização esta que, por não ser natural, encontra para seu cultivo resistência do programa da natureza. É a essa resistência, que se manifesta como mal-estar, que Freud dedica seu texto. A cultura digital, como continuidade da cultura humana pelo progresso, não foge à regra.

Distribuímos os textos em seções organizadas a partir das três fontes de sofrimento descritas por Freud. Na primeira seção, abordamos os embaraços inerentes ao laço social na nova conjuntura, a da cultura digital, considerando os efeitos dos diversos dispositivos que promovem e atravessam as relações humanas.

No primeiro trabalho, "Adormecimento psíquico na cultura digital: a adolescência contemporânea como paradigma do mal-estar de uma época", Juliana Tassara Berni retoma o texto de Freud, revendo os aspectos destacados por ele como característicos da civilização, mas agora no contexto da cultura digital. A autora propõe o conceito de "adormecimento psíquico" como efeito subjetivo da aliança entre o capitalismo e as tecnologias digitais, trazendo a adolescência contemporânea como um paradigma desse fenômeno. Por fim, apresenta uma experiência de conversação com adolescentes na qual os participantes falam de suas dificuldades no laço social e apontam saídas.

Em "Atualizando o mal-estar no laço digital: da renúncia ao excesso", Márcio Rimet Nobre ressalta a figura do supereu não apenas por sua afiliação à cultura, mas também por sua gulodice. Esse aspecto dinâmico é o que faz essa instância aferrar-se ao cumprimento dos preceitos culturais, qualquer que seja o contexto, sempre mutável, sendo o mal-estar um efeito da culpa inerente à impossibilidade de conciliar o processo subjetivo, que visa à felicidade, e o processo de edificação cultural. O trabalho tem por base a indagação sobre o que seria o mal-estar inerente ao presente contexto cultural marcado pela linguagem digital, quando a renúncia pulsional dos tempos de Freud, cede lugar a um acelerado impulso à fruição desmedida, cujos primórdios Jacques Lacan já havia anunciado.

Na sequência, Nádia Laguárdia de Lima aborda "A violência da máquina de gozo nas massas digitais", interrogando de que forma o digital enlaça o subjetivo e o cultural na formação das massas, e como elas atuam na promoção da violência. A autora faz sua reflexão a partir dos textos freudianos *Psicologia das massas e análise do Eu* (1921) e *O mal-estar na cultura* ([1929]1930), em interlocução com os textos de Jacques Lacan, além de comentadores. O trabalho, que tem como eixos principais os conceitos de agressividade, pulsão de morte, objeto *a*, além das instâncias dinâmicas, traça uma análise de como as condições discursivas atuais articuladas à lógica algorítmica atuam na constituição das massas e na promoção da violência.

Allisson Vasconselos, em "Os 'direitos do consumidor': a instrumentalização da intolerância como meio de 'justiça' no discurso do capitalista", revisita as teses civilizacionais do texto freudiano como sendo, em grande parte, inspiradas no modelo do *Leviatã* hobbesiano, em que o contrato social é firmado mediante a sujeição dos homens ao poder soberano, que os une, e a uma renúncia ao direito de natureza, que os torna ameaçadores entre si. A intolerância aparece como destino "civilizado" da agressividade, ao ser direcionada contra o estrangeiro. Contudo o autor se pergunta se a intolerância conserva sua destinação e sua função no atual contexto de revolução tecnológica e globalização que culminaram na cultura que qualificamos como digital, o que será feito a partir do exame de um caso de linchamento virtual.

Na segunda seção, a escrita dos artigos é orientada pelo mal-estar decorrente das relações dos indivíduos com seus corpos, considerando as múltiplas possibilidades de sua abordagem na cultura digital.

No primeiro deles, "Trans-formações do laço e do corpo na era dos condomínios digitais: paradigmas e contradições em um mundo algoritmizado", Sam Alcântara reflete, a partir da noção de mal-estar, sobre o atual estado da cultura digital que se configura como uma cibercultura algorítmica, promovendo um diálogo entre a psicanálise e os estudos sobre a contemporaneidade. Assim, busca demonstrar a organização técnica daquilo que nomeia "condomínios digitais", apontando suas implicações em duas das fontes de sofrimento descritas por Freud: o laço social, com suas transformações, e o estatuto de corpo na contemporaneidade algoritmizada.

Em "A estética da anorexia masculina em *Ana's Song*", Cínthia Demaria aborda a anorexia masculina através da música *Ana's Song*, composta pelo músico australiano Daniel Johns em 1999, que levou vários jovens a se filiarem a grupos Pró-Ana na internet. A identificação deu-se para além do sintoma anoréxico abordado na canção, mas por servir como alerta de que homens também poderiam sofrer com a doença. A autora percorre a letra autobiográfica de *Ana's Song* e a anorexia de Daniel Johns como pontos emblemáticos para discutir a anorexia masculina, explorando uma leitura psicanalítica desse sintoma e dos excessos na psicopatologia contemporânea.

Fechando essa seção, em "Habitar um corpo adolescente: um mal-estar na contemporaneidade", Patricia da Silva Gomes parte da proposição freudiana sobre as fontes de sofrimento humano para abordar o mal-estar que atravessa os sujeitos no tempo lógico da adolescência. Para a autora, esse mal-estar é decorrente das dificuldades em habitar um corpo, especialmente levando-se em conta as incidências do desvelamento da inconsistência do Outro na contemporaneidade.

Na terceira seção, a reflexão sobre o poder superior da natureza faz com que voltemos nosso olhar para as consequências subjetivas da recente pandemia da covid-19, que provocou uma aceleração do processo de digitalização da vida, que já se encontrava em marcha.

Em "Corpo e cidade: a pandemia da covid-19 e a adolescência entre quatro paredes", Helena Greco Lisita discute a relação que os adolescentes estabelecem com o tempo e o espaço, diante da instauração massiva do digital na cultura. A autora parte dos pressupostos de que a cultura digital altera significativamente a relação dos sujeitos com o tempo e o espaço e de que essas alterações têm implicações nas formas de se habitar o próprio corpo, bem como o espaço geográfico e subjetivo. Assim, coloca-se as seguintes questões: como se dá a produção do espaço habitado a partir dos atravessamentos do digital? Como os sujeitos se relacionam com as cidades na era digital, considerando, sobretudo, que não há relação possível do *falasser* com a cidade sem o corpo?

A seguir, em "Atingidos como? Efeitos da covid-19 nos adolescentes", Raquel Marinho relata uma pesquisa em andamento sobre o aumento do mal-estar entre os adolescentes desde o início da pandemia da covid-19, o que tem sido amplamente difundido na imprensa e em sites governamentais por todo o mundo. A autora demonstra como a restrição simbólica que deu origem à própria concepção moderna de adolescência intensificou-se durante a pandemia, o que, para ela, explica os atuais níveis de sofrimento entre os jovens, como observado por profissionais da educação e da saúde.

Em "Grupo 'Efeitos': notas sobre um trabalho psicanalítico de atendimento breve e gratuito durante a pandemia", Carolina Assad, Cristiane Grillo, Mariana Sabino, Patrícia Laguárdia e Patrícia Prates apresentam o trabalho de atendimentos breves de orientação psicanalítica realizado por um grupo criado em Belo Horizonte durante o período da pandemia de covid-19. As autoras relatam a origem do grupo, sua metodologia, algumas vinhetas de casos atendidos de modo *online* pelo projeto, bem como os principais impasses elaborados ao longo de sua execução. Aspectos como a gratuidade e o número de sessões são enfocados por meio de um olhar clínico.

Finalmente, o livro conta ainda com o Posfácio de Sherry Turkle, professora do Instituto de Tecnologia de Massachusetts (MIT), pioneira nas pesquisas sobre os efeitos da interação entre a subjetividade e a tecnologia. No artigo "O declínio da empatia: a cultura digital precisa do que a terapia da fala oferece", Turkle aborda os impactos psicológicos das tecnologias digitais, apontando os prejuízos de seu uso excessivo para o estabelecimento do laço social, refletindo especialmente sobre a prática do atendimento *online*.

Seção 1

AS DIFICULDADES INERENTES ÀS RELAÇÕES SOCIAIS

ADORMECIMENTO PSÍQUICO NA CULTURA DIGITAL: A ADOLESCÊNCIA CONTEMPORÂNEA COMO PARADIGMA DO MAL-ESTAR DE UMA ÉPOCA

Juliana Tassara Berni

Em seu texto *O mal-estar na civilização* (1930/1974), Freud empenha-se em compreender as causas do sofrimento no homem. Ele inicia seu texto:

> É impossível fugir à impressão de que as pessoas comumente empregam falsos padrões de avaliação – isto é, de que buscam poder, sucesso e riqueza para elas mesmas e os admiram nos outros, subestimando tudo aquilo que verdadeiramente tem valor na vida. No entanto, ao formular qualquer juízo geral desse tipo, corremos o risco de esquecer quão variados são o mundo humano e sua vida mental. (p. 81).

Ainda que Freud reconheça, de antemão, que não existe um "juízo geral" que oriente o homem para a felicidade, ele segue em seu propósito e distingue o que seriam as três fontes de sofrimento humano: "o poder superior da natureza, a fragilidade de nossos próprios corpos e a inadequação das regras que procuram ajustar os relacionamentos mútuos dos seres humanos na família, no Estado e na sociedade" (p. 105).

Seguindo seu esforço de compreensão do que geraria o mal-estar, ele aponta que a civilização se presta a dois intuitos: o de proteger os homens contra a natureza (incluindo, aí, o próprio corpo como parte da natureza) e o de ajustar os relacionamentos entre os homens. Ele, então, destaca os aspectos que caracterizam a civilização. O primeiro desses aspectos é o que faz com que as atividades culturais sejam úteis. Ele remete-se à pré-história e lembra que a construção de instrumentos para a proteção ou controle da natureza são o que se considera os primeiros "atos de civilização" (Freud, 1930/1974, p. 109). Freud menciona as conquistas tecnológicas do homem e destaca:

> Na câmara fotográfica, criou um instrumento que retém as impressões visuais fugidias, assim como um disco de gramofone retém as auditivas, igualmente fugidias; ambas são, no fundo, materializações do poder que ele possui de rememoração, isto é, sua memória. Com o auxílio do tele-

> fone, pode escutar a distâncias que seriam respeitadas como inatingíveis mesmo num conto de fadas. (Freud, 1930/1974, p. 110).

Dessa forma, conclui Freud, as conquistas tecnológicas são "aquisições culturais" (p. 111) do homem. Freud apresenta uma visão otimista e inocente sobre a tecnologia, acreditando que, no futuro, os avanços então inimagináveis aproximariam ainda mais o homem a Deus.

Em seguida, Freud apresenta os outros aspectos que são signos de civilização. A beleza, a limpeza e a ordem são, para Freud, uma exigência cultural, o que pode ser constatado pelo fato de que esperamos que uma sociedade mais civilizada seja mais organizada e tenha mais espaços belos de lazer, por exemplo. Esse aspecto demonstra que a utilidade não é, então, o único motivo para a organização dos homens em sociedade.

As realizações intelectuais, científicas e artísticas são outro ponto trazido por Freud e ele inclui aí a filosofia e a religião. Para ele, quão mais civilizada é uma sociedade, mais importante e complexo é o papel que exercem nela as ideias concebidas sobre a vida humana.

Por fim, ele introduz a regulação dos relacionamentos entre os homens. Freud afirma que é necessário que o poder do indivíduo isoladamente seja submetido ao poder da comunidade. A essência desse fundamento "reside no fato de os membros da comunidade se restringirem em suas possibilidades de satisfação, ao passo que o indivíduo desconhece tais restrições" (Freud, 1930/1974, pp. 115-116). A justiça seria "a primeira exigência da civilização" (p. 116), que estabeleceria um estatuto no qual todos capazes de fazer parte de uma comunidade também se disporiam a uma certa renúncia pulsional. Assim, conclui Freud, "a liberdade do indivíduo não constitui um dom da civilização" (p. 116).

Mas *O mal-estar na civilização* de Freud foi escrito há quase um século. De lá para cá a sociedade se transformou. O capitalismo pós-industrial que despontava se estabelece como forma de organização social. Ainda que, como disse Freud na abertura de seu texto de 1930, "poder, sucesso e riqueza" fossem valores que orientavam a vida dos sujeitos, com o avanço do capitalismo, esses valores se tornam exacerbados. A consolidação do capitalismo como discurso, exalta valores como o imediatismo, o hedonismo e o consumismo sob a crença ilusória de que o objeto está realmente disponível para o sujeito.

Capitalismo cognitivo e o mal-estar na contemporaneidade

Na conferência proferida por Lacan em Milão, em 1972, ele apresenta o discurso capitalista. Tal discurso, como já introduzido no *Seminário 17*, tem origem em uma "mutação capital" (Lacan, 1969-1970/1992, p. 160) do discurso do mestre. Enquanto no discurso do mestre o lugar de agente é ocupado pelo mestre, no discurso capitalista quem ocupa esse lugar é o $, porém o sujeito já não é mais o sujeito dividido, mas o sujeito contemporâneo, com sua liberdade de consumo. Agora, o que está em evidência é a demanda do sujeito enquanto consumidor.

A ascensão do capitalismo confunde os aspectos destacados por Freud como característicos da civilização. O individualismo contemporâneo parece inverter a relação entre o poder da comunidade e o poder do indivíduo, uma vez que ao indivíduo é suposto gozar a qualquer custo. O "direito" muitas vezes é evocado para proteger uma suposta liberdade, que mais impulsiona ao gozo do que restringe. A beleza é menos consequência da civilização e mais objeto de consumo. E a ciência, subordinada às exigências do mercado, presta-se a produzir incessantemente *gadgets* que os sujeitos, comandados pelo dever de gozar, consomem um a um.

O desenvolvimento tecnológico, que é apresentado por Freud associado à utilidade, ou seja, contribuindo para proteger os indivíduos do sofrimento, recebeu, em decorrência das guerras, um grande investimento. Na sociedade pós-guerra, período também conhecido como "sociedade da informação", o capitalismo enquanto discurso se alastrou "sobre praticamente todos os campos da ação humana, tornando-se hegemônico como sistema e como ideologia" (Nobre, 2020, p. 32).

O surgimento da internet e a popularização dos computadores pessoais no fim do século passado promoveu uma revolução no campo social. Em seguida, a chegada dos dispositivos portáteis e, em especial, da *tecnologia multi-touch* trouxe uma variedade de oferta de produtos digitais, como previu Freud, inimaginável. A *tecnologia multi-touch* parece romper a já tênue barreira entre homem e máquina. As telas sensíveis ao toque já existiam, a grande novidade trazida pela *tecnologia multi-touch*, apresentada em 2007 com o primeiro iPhone, é que agora o sujeito usa seu próprio dedo como dispositivo apontador.

Freud já atribuía à tecnologia a capacidade de intervir no corpo do homem através de próteses, como ele diz, "o homem tornou-se uma espécie de 'Deus de prótese'" (Freud, 1930/1974, p. 112), mas ele também aponta que esses órgãos protéticos apresentam muitas dificuldades ao sujeito. O que vemos agora, é essa função protética da tecnologia cada vez mais entranhada no cotidiano dos sujeitos. No entanto, esses novos órgãos protéticos não parecem trazer nenhum desconforto, pelo contrário, os sujeitos parecem estar completamente adaptados e o desconforto viria justamente de sua privação.

No lançamento do iPhone 1, Steve Jobs apresenta com orgulho essa nova façanha tecnológica. Para ele, o iPhone é uma revolução. Com um sistema operacional altamente avançado, ele "tem tudo que precisamos" (Rino, 2012). O usuário, agora *ciborguizado*[1], usa o dedo para fazer escolhas e o desliza para procurar o que deseja. Caso se perca, aperta o único botão existente no aparelho, o *home button*, que, de acordo com Jobs, "te leva de volta para casa". Jobs conclui dizendo que o então recém-lançado *smartphone* — *supersmart*, como ele dizia — era a possibilidade de "ter sua vida inteira no bolso" (Rino, 2012).

Consideramos que, a partir dos anos 2010, houve uma intensificação dos impactos sociais da tecnologia digital. Além da chegada da tecnologia *multi-touch*, houve uma popularização do acesso à internet e aos dispositivos móveis, além de uma sofisticação dos sistemas de monitoramento algorítmico. Éric Sadin (2016), filósofo francês que vem se dedicando à análise crítica do impacto social das tecnologias digitais, alerta que o capitalismo cognitivo[2] é muito mais do que um modelo de organização informacional, mas um modelo civilizatório que se instaura através do monitoramento algorítmico que acompanha nossa existência. Esse modelo civilizatório ultrapassa nossa experiência com as telas para se estender a todos os aspectos de nossas vidas.

Para Sadin, a partir de 2010, esse processo se intensificou e, paralelamente ao desenvolvimento dos recursos de acesso à informação, iniciou-se o que ele chama de "era da medida da vida" (p. 29)[3]. Dessa forma, os sujeitos

---

[1] O termo "ciborgue" deriva das palavras em inglês *cybernetic* e *organism* e foi concebido a partir da necessidade de aparelhar o homem para a sobrevivência no espaço. O ciborgue é um híbrido de máquina e organismo e sua concepção visa um aprimoramento do corpo humano. É considerado uma "realidade social", o que implica em consequências políticas (Haraway, 2000). Hoje se considera que a *ciborguização* foi incorporada em nossa vida, com a incorporação dos diversos recursos tecnológicos em nosso cotidiano, alterando nosso modo de existência. A ciborguização é independente da tecnologia *multi-touch*, no entanto, ao utilizar uma parte do corpo como recurso, ela evidencia o caráter de ciborguização.

[2] O capitalismo cognitivo é um termo que compreende as mudanças socioeconômicas decorrentes do avanço das tecnologias digitais e, especialmente, da internet. No capitalismo cognitivo, o conhecimento e a informação são os principais fatores agregadores de valor.

[3] Tradução nossa. No original: *"l'ère de la mesure de la vie"*.

passam a ser cada vez mais guiados por uma determinação algorítmica, o que leva a uma automatização social. Esses sistemas promovem uma relação à la carte com a informação, de modo que cada um pode construir suas próprias narrativas, simplificando a experiência do cotidiano. Ele traz a imagem do "tirano" digital que, por um lado, tal como um adicto virtual, não consegue se separar de seus dispositivos digitais, levando-os consigo e verificando, a todo instante, se há alguma nova notificação, por outro — e por isso usa o termo tirano —, bloqueia ou desfaz "amizades" impiedosamente, afastando qualquer inconveniência que a relação com o outro possa trazer. No entanto, a autossuficiência proporcionada por essa determinação algorítmica não passa de uma ilusão, jogando o sujeito cada vez mais à margem das relações sociais e causando um isolamento coletivo.

O adormecimento psíquico como fenômeno contemporâneo

Sherry Turkle (2011) coloca que, nos dias de hoje, as pessoas e principalmente os jovens evitam o contato presencial com o outro. Ela menciona um estudo realizado em 2010 com 14 mil estudantes ao longo de 30 anos que demonstra que desde 2000 os jovens apresentam uma significativa diminuição de interesse em relação a outras pessoas. No entanto, esses mesmos jovens se queixam de solidão.

A autora acredita que as redes sociais, ou o fato de estarmos conectados a muitas pessoas, traz um sentimento de segurança. Ela afirma que os americanos se gabam de ter muitas amizades no mundo virtual, mas que dizem ter cada vez menos amigos com quem podem contar. Ela atribui essa diminuição dos encontros corpo a corpo e o aumento das relações virtuais a um suposto risco. Amigos de Facebook, avatares, companheiros de *chat* ou de videogame se apresentam como conexões de menor risco do que um colega ou vizinho. Para ela, não se pode dizer que não é possível fazer laços na internet, mas esses laços não são "laços que amarram" (Turkle, 2011, p. 281)[4] como nas relações sociais construídas sem a internet, pois não parecem estabelecer uma relação de confiança nem permitir nenhuma vulnerabilidade.

Turkle (2015) aponta consequências subjetivas causadas pelo uso contínuo de dispositivos tecnológicos pelos adolescentes. Se, por um lado, o uso das redes é associado a um isolamento, por outro, dá ao jovem uma falsa ideia de estar sempre conectado. Para ela, esse comportamento promove

[4] No original, *"ties that bind"*.

uma maior dificuldade de lidar com a solidão. Outro ponto que a autora destaca é que, de forma paradoxal em relação à dificuldade de lidar com a solidão, esse uso constante dos dispositivos móveis faz com que as conversas presenciais sejam mais difíceis de sustentar e que mesmo o contato visual se torne um embaraço.

A partir dessas reflexões, ela constata os prejuízos desses efeitos. Para a autora, a aprendizagem proporcionada pela conversa presencial envolve riscos, imprevisibilidade e menor controle, por isso, sua evitação constitui uma perda. Turkle chama a atenção para a forma como os adolescentes têm usado os celulares para se afastarem das dificuldades decorrentes do laço social. Assim, fica cada vez mais difícil lidar com as frustrações e com as diferenças.

O psicanalista Serge Lesourd (2004) propõe tomarmos a adolescência por sua função de crítica social de uma época. O autor realça que o interesse da sociedade pelos adolescentes está sempre atrelado às transformações dos regimes políticos e às mutações dos laços sociais. Ele afirma que os adolescentes "explicitam os efeitos do discurso dominante da organização do laço social atual sobre a construção da subjetividade" (Lesourd, 2012, p. 35). Dessa forma, o sofrimento dos adolescentes também pode ser tomado como sofrimento de uma época e, assim, "os adolescentes 'difíceis' precisam ser compreendidos como reflexo das dificuldades da subjetivação no laço social neoliberal atual" (p. 36). Nessa perspectiva, o adolescente pode ser entendido como um sintoma social ou, como propomos, paradigma do mal-estar de nossa época.

É nesse contexto que tomamos os adolescentes, meninos e meninas que já nasceram num mundo no qual se acredita que o objeto está a um clique. Eles não apenas têm contato com os dispositivos digitais desde muito cedo, mas são cuidados por adultos que, frequentemente, fazem um uso excessivo desses dispositivos, alternando os cuidados com eles a olhadelas no celular e inserindo esse objeto no circuito pulsional. Não raro, os adolescentes têm com seus dispositivos móveis uma relação quase simbiótica: não os largam por nada e checam, a todo instante, se há alguma nova notificação, alternando a tela dos diversos aplicativos. Eles mesmos constatam essa relação: "Tipo, acabou de olhar o celular, passa um segundo, e olha de novo. É claro que não aconteceu nada (de novo), é só porque o cara é viciado mesmo", diz Antônio, aluno do nono ano escutado em um grupo de conversação[5]. Alguns adolescentes dizem que não podem mais viver sem o celular, como

[5] O Laboratório Além da Tela: psicanálise e cultura digital realiza, como atividade de extensão, conversações em escolas com grupos de adolescentes sobre suas relações com os recursos digitais. As experiências mencionadas neste artigo são referentes a esses trabalhos e todos os nomes dos adolescentes foram substituídos.

Marina: "O celular é minha vida, sou eu. Se eu não estiver com meu celular na mão, é como se faltasse um pedaço de mim". Na maioria das vezes os jovens fazem uso da internet através dos celulares e se sentem inseguros diante da ameaça de não terem internet disponível.

Lacan diz que esses objetos, esses *gadgets* criados pela ciência, são objetos *a* forjados. Ele cria, para se referir a eles, o neologismo *latusas*:

> E quanto aos pequenos objetos *a* que vão encontrar ao sair, no pavimento de todas as esquinas, atrás de todas as vitrines, na proliferação desses objetos feitos para causar o desejo de vocês, na medida em que agora é a ciência que governa, pensem neles como *latusas*. (Lacan, 1969-1970/1992, p. 153).

Mas essas *latusas* servem, na verdade, para ocultar, atrás das telas dos celulares, a falta. Os sujeitos são, desse modo, capturados num suposto circuito de desejo que pretende operar sem a falta, sem o enigma, sem que o circuito pulsional passe pelo Outro, fazendo com que o sujeito, anestesiado, seja absorvido pelo objeto. Essa anestesia é o que nos permite falar de adormecimento psíquico.

Nesse ponto, devemos nos perguntar sobre as colocações de Turkle (2011) de que são justamente os riscos e a imprevisibilidade do encontro presencial que proporcionam laços sociais mais consistentes entre os sujeitos.

Propomos, aqui, pensar o laço social a partir da teoria dos discursos de Lacan (1969-70/1992). Ele propõe partir de uma articulação entre o campo da linguagem e o campo do gozo. Ele estabelece quatro discursos — do mestre, da histérica, da universidade e do psicanalista — que se estruturam a partir das posições de quatro elementos: o sujeito, representado por $, o significante mestre; S_1, o saber; S_2 e o objeto *a*. Esses elementos se organizam em dois campos, o campo do sujeito e o campo do Outro, tendo sempre na base do discurso, no campo do sujeito, uma verdade, sempre não toda.

Para Lacan, os quatro discursos são as estruturas mínimas de qualquer laço social, também estabelecido como linguagem, assim como sua concepção de inconsciente. Os quatro discursos se organizam como aparelhos de linguagem a partir de posições estáveis que criam modos de relação que ordenam e fazem operar com o gozo e com o Outro. Nesse sentido, o laço social tem origem na linguagem e opera a partir da relação entre significantes.

Não existe, então, nenhuma realidade "pré-discursiva" (Lacan, 1972-1973/2008, p. 37). O sujeito funda-se na linguagem e é a partir da linguagem que tem acesso ao mundo. Antes de nascer, o sujeito já é falado pelo

Outro, e só pode aceder a qualquer realidade a partir da relação com o Outro. Dessa forma, todo discurso se organiza na relação entre o sujeito e o Outro, mas o que permite que haja, efetivamente, o laço social é justamente a impossibilidade.

A impossibilidade nos quatro discursos implica em que o Outro não é capaz de responder à demanda do agente de forma total. Dessa forma, o que permite o laço social é justamente a impossibilidade que faz com que o sujeito vá em direção ao Outro, em busca de uma resposta que, novamente, nunca será alcançada, já que a verdade é sempre não toda.

Vamos nos referir aqui, brevemente, aos processos de alienação e separação, propostos por Lacan (1964/1998), como operações de causação do sujeito e surgimento do desejo. Na alienação, há uma ação do campo do Outro sobre o campo do sujeito. O sujeito é capturado pelo significante que vem do campo do Outro, constituindo-se no campo do Outro. O Outro aparece como um produtor de sentidos. Mas, como todo sentido é incompleto, ou, para nos referirmos à teoria dos discursos, toda verdade é não-toda, resta sempre um sem-sentido. É justamente essa perda de sentido, ou seja, essa falta proveniente da ação do campo do Outro, que se configura como constituinte do sujeito na operação de alienação.

A segunda operação de causação do sujeito é a separação. Enquanto o Outro da alienação é o Outro cheio de significantes, o Outro da separação é faltoso, por isso é representado por um A barrado, Ⱥ. Assim, o sujeito sempre encontra, no intervalo do discurso do Outro, uma falta, e essa falta concerne ao desejo. Essa estrutura radical, o intervalo, é que é, para Lacan, o veículo do desejo.

Mesmo que o sujeito ainda não seja capaz de nomear esse intervalo de desejo ou de imaginar seu objeto, é essa lacuna, essa falta que o causa. É por isso que Lacan chama essas operações de operações de causação do sujeito.

Esse é o movimento do desejo, um circuito que opera com o gozo e com o Outro inserindo o sujeito no laço social.

É por isso que o discurso capitalista não pode ser considerado, efetivamente, um discurso, mas um pseudodiscurso (Cosenza, 2021, p. 73), pois nele há uma eliminação da impossibilidade, o que, por consequência, permitiria o encontro do sujeito com a verdade. Em *Radiofonia* (1970/2003), Lacan destaca a ascensão do objeto *a* ao zênite social. Com o objeto no zênite, o Outro torna-se cada vez mais débil. A máxima *tudo é possível*, proferida pelo capitalismo, demonstra que o direito ao gozo se tornou dever de gozar e que o mercado deve produzir para todas as demandas do sujeito.

Os avanços tecnológicos potencializam o funcionamento do discurso capitalista. A ilusão da eliminação da castração, prometida pelo discurso capitalista, faz com que o sujeito busque, cada vez mais e a cada vez com mais aspirações, estabelecer um laço com o objeto que promete a completude. Esse consumismo exasperado inflama o individualismo. A dimensão alteritária torna-se cada vez mais rarefeita à medida que o objeto toma relevo enquanto promessa de gozo, e a dimensão do desejo, que não é sem o Outro, torna-se opaca e sem vislumbre possível. Dessa forma, quanto mais o discurso capitalista se expande, mais se embota o laço social. Os aparelhos digitais e tudo o que seu acesso oferece entram nesse circuito como, não apenas mais uma, mas a principal e necessária via de acesso ao objeto.

Nesse contexto, Judith Miller (1994/2022) acrescenta que esses objetos *gadgets* fazem série, mas uma série na qual um vem sempre substituir o anterior, demonstrando, assim, seu caráter de dejeto. Esse movimento de "reciclagem" dos *gadgets* aponta para a questão da relação entre o gozo e o Outro, uma vez que esses objetos, esses "pega-libido", prestam-se não a intermediar a relação do sujeito com o Outro, mas a serem, eles próprios, meio de gozo. O sujeito é, então, capturado num circuito pulsional que pretende operar sem a falta, sem o desejo, uma vez que o capitalismo prescinde do Outro. Esse curto-circuito pulsional é o que promove uma certa anestesia subjetiva que chamamos de adormecimento psíquico.

Uma aposta na palavra

As dificuldades enfrentadas pelos adolescentes no laço social e suas relações com os usos dos recursos tecnológicos vêm sendo constatadas de diversos modos. As pesquisas do NIc.br (2020) demonstram que os próprios adolescentes reconhecem que fazem um uso excessivo e que se expõem a riscos. Pelo menos 20% dos entrevistados declaram acreditar que deveria passar menos tempo na internet, mas não consegue, que passou menos tempo com família e amigos porque ficou tempo demais na internet, que se pegou navegando na internet sem estar realmente interessado no que via e que deixou de comer ou dormir por causa da internet. Quase 30% das meninas declaram que foram expostas a conteúdos como formas de ficar muito magra, de cometer suicídio e de machucar a si mesma. Também é grande o número de entrevistados que declara ter sido tratado de forma ofensiva na internet, número que é ampliado quando se refere à experiência de testemunhar outra pessoa sendo tratada de forma ofensiva.

Quando escutamos os adolescentes em conversação, essas questões aparecem. Eles nos contam sobre a dificuldade em ficar sem internet, chegando a dizer que são "viciados". Os ditos "sintomas contemporâneos" — transtornos alimentares, autolesão, adições (químicas ou virtuais) — também aparecem no discurso dos adolescentes que chegam a nos mostrar as marcas feitas com a lâmina do apontador em seus corpos. Eles também trazem muitos episódios de segregação, nomeados por eles mesmos com *bullying* ou, em alguns casos, *cyberbullying*. Em todos esses relatos fica evidente a precariedade simbólica da qual sofrem e a forma como são afetados por essa rarefação da dimensão alteritária.

Se tomamos a adolescência como sintoma social de uma época, tal como propõe Lesourd (2004), esses sintomas tornam-se paradigma do sofrimento contemporâneo. Assim, o mal-estar contemporâneo é um padecimento decorrente não do que limitaria a satisfação do indivíduo, como apontava Freud (1930/1974), mas, de forma paradoxalmente contrária, justamente da privação da dimensão da falta, do Outro enquanto instância simbólica, de tudo isso que coloca o sujeito no circuito do desejo.

Se o contexto capitalista contemporâneo já deixava claro as consequências de sua estrutura, a pandemia da covid-19, que limitou a vida social presencial dos sujeitos — e principalmente dos estudantes —, trouxe ainda mais embaraços na construção dos laços sociais dos adolescentes. O retorno dos estudantes às escolas, que ficaram fechadas ou com limitações por cerca de dois anos, trouxe desafios que as próprias escolas tinham dificuldade em nomear. De modo geral, reconheciam uma maior dificuldade dos alunos em se relacionarem, o que desencadeava ainda mais sintomas.

Trazemos, aqui, um breve relato de uma conversação com alunos do sétimo ano do ensino fundamental. A escola havia nos convidado a realizar um trabalho com essa turma pois, desde o retorno da pandemia, os alunos apresentavam maiores conflitos entre eles. A escola destacou que diversos episódios de segregação aconteciam, muitas vezes de forma extremamente agressiva.

No primeiro encontro, a turma mostrou-se muito comedida. Contaram sobre os usos que fazem das redes sociais e abordaram a questão da segregação de uma forma remota, como se não estivessem muito envolvidos com o problema. Todos conheciam alguém que tinha "sofrido *bullying*", sabiam o que era, como isso era prejudicial e inadequado, mas os exemplos eram todos de *youtubers* ou outras celebridades. Apesar do tema desse encontro ter, naturalmente, girado em torno da questão da segregação, decidiram que o tema do encontro seguinte seria "*bullying*".

No encontro seguinte, a questão foi retomada da mesma forma, com exemplos distantes e de pessoas desconhecidas. A partir da pergunta da ativadora da conversação, sobre por que queriam falar disso, já que os exemplos eram sempre de fora, um menino confessa: "É porque já aconteceu aqui. Com todo mundo aqui". Alguns colegas olham com olhar de repreensão, como se ele tivesse tocado num assunto proibido, mas outros logo tomam a palavra e começam a falar.

Muito tomados, eles contam de um dia em que um grupo de meninas foi ridicularizado por outra menina sem que elas mesmas soubessem. Essa ridicularização foi escutada e espalhada na escola até chegar no grupo ridicularizado. Cientes da agressão, as meninas foram atrás da agressora e começaram uma discussão. No entanto, o que fazia o episódio tão significativo para essa turma não era a agressão em si, nem sua intensidade, mas o efeito que isso teve neles enquanto grupo.

Eles contam que foram — todos eles — tomados de uma angústia súbita: "Todo mundo chorou! Todo mundo! Até quem não tinha nada a ver começou a chorar", conta Leandro, o menino que puxou o assunto. Maria completa: "Não durou meia hora do refeitório (onde começou a agressão), até a hora que a gente entrou". "Ninguém entendeu nada, só ficou todo mundo chorando", completa Luiza. Flávia, uma das meninas agredidas, pronuncia-se: "Eu que comecei a chorar. Eu fui atrás dela (da agressora), já chorando, pra tirar satisfação. Quando eu vi, tava todo mundo chorando". Eles contam, então, que ficaram muito tomados, a ponto de não conseguirem fazer uma atividade avaliativa. Todos só conseguiram fazer as questões de múltipla escolha. As palavras, que lhes faltaram para entender o que havia acontecido, também não puderam aparecer na prova.

A conversação, então, foi um convite para que pudessem retomar e refletir sobre esse episódio. Leandro diz: "Eu acho que a gente ficou assim porque a gente sentiu a dor do outro", "a gente sentiu como se fosse com a gente", acrescenta Maria. Eles explicam como funciona o que chamam de *bullying*: "A pessoa pega uma insegurança da outra e fica falando daquilo, zoando a outra", diz Luiza. E "às vezes aquilo nem é um problema pra pessoa. Tipo, às vezes a pessoa não tem problema com o cabelo dela, mas o outro começa a falar 'seu cabelo é de bombril, seu cabelo é de bombril' e ela começa a ficar insegura e triste com aquilo" completa a colega. Flávia explica: "Meu cabelo é minha autoestima. Se falar do meu cabelo, isso vai me afetar mesmo".

Eles também se perguntam sobre a razão para agredir um colega: "Eles querem ver o caos", diz Flávia, "Fazem porque têm raiva", acrescenta Manuela, também entre as agredidas. Aos poucos vão ampliando suas reflexões até que Maria propõe: "Eu acho que a pessoa é insegura também, ela pega uma insegurança dela e coloca no outro. Tipo, pra não lidar com uma coisa que é dela, ela agride o outro". Manuela concorda: "É tipo uma defesa, pra se defender da própria insegurança". No fim, eles concluem que, nessa situação, "até se saíram bem".

Dessa forma, a partir do convite à fala, o nocaute subjetivo que fez com que o efeito identificatório expresso no choro coletivo fosse o único recurso diante da agressão vai dando espaço a construções singulares. Ainda que em grupo, cada um pôde falar de sua experiência singular, de "sentir a dor do outro", de "querer ver o caos", até poder se deparar com a possibilidade da falta no outro, quando "a pessoa é insegura também". Assim, porque é possível reconhecer a alteridade, mesmo que seja por uma fresta, o sujeito pode se desprender do efeito de grupo e construir um saber sobre sua experiência.

É nesse sentido que apostamos na palavra como possibilidade de construção de um novo saber pelo próprio sujeito. Ainda que o contexto atual — o discurso capitalista e sua aliança com as tecnologias digitais — promova esse efeito de anestesia subjetiva, o inconsciente é vivo e basta um convite para que o sujeito se ponha a construir um novo saber sobre seu mal-estar. Essa construção é o próprio despertar do inconsciente, isso que faz com que os sujeitos se escutem e se surpreendam com o que falam para que possam, no meio dessa novidade que é a cultura digital "até se sair bem".

Referências

Cosenza, D. (2021). Hacia una clínica del exceso: síntomas contemporáneos y la orientación analítica a lo real. *Revista ABC La cultura del psicoanálisis,* (5 – Exceso: Variaciones sobre el síntoma), 71-83.

Freud, S. (1930/1989). O mal-estar na civilização. In *Edição Standard das Obras Completas de Sigmund Freud* (Vol. 21; pp. 75-282). (J. Salomão, Trad.). Imago.

Freud, S. (1930/2010). *O mal-estar na cultura.* (R. Zwick, Trad.). L&PM Editores.

Freud, S. (1930/2020). O mal-estar na cultura. In *Obras incompletas de Sigmund Freud.* Cultura, Sociedade, Religião: O mal-estar na cultura e outros escritos. (M. R. S. Moraes, Trad.). Autêntica.

Haraway, D. J. (2000). Manifesto ciborgue: ciência, tecnologia e feminismo-socialista no final do século XX. In Haraway, D., Kunzru, H., & Tadeu, T. *Antropologia do ciborgue*: as vertigens do pós-humano (pp. 33-118). Autêntica.

Lacan, J. (1978). Do discurso psicanalítico (Conferência de Lacan em Milão em 12 de maio de 1972). (Tradução não autorizada de Sandra Regina Felgueiros a partir das versões em italiano e em francês: http://www.valas.fr/IMG/pdf/IIIIin_Italia_chap-3.pdf). Recuperado de http://lacanempdf.blogspot.com.br/2017/07/do-discurso-psicanalitico-conferencia.html.

Lacan, J. (1992). *O seminário, livro 17: O avesso da psicanálise, 1969-1970*. (J. -A. Miller, Ed.). Jorge Zahar.

Lacan, J. (2008). *O seminário, livro 20: Mais, ainda..., 1972-1973*. (J. -A. Miller, Ed.). Jorge Zahar.

Lacan, J. (1998). Posição do inconsciente no Congresso de Bonneval (1964). In Lacan, J. *Escritos* (pp. 843-864). Jorge Zahar.

Lacan, J. (2003). Radiofonia (1970). In Lacan, J. *Outros escritos* (pp. 400-447). Jorge Zahar.

Lesourd, S. (2012). Adolescentes difíceis ou dificuldades da cultura? (D. Santana, Trad.) In Gurski, R., Rosa, M. D., & Poli, M. C. (Orgs.). *Debates sobre a adolescência contemporânea e o laço social* (pp. 17-13). Juruá.

Lesourd, S. (2004). *A construção adolescente no laço social*. (L. Magalhães, Trad.). Vozes.

Miller, J. (1994/2022, junho). A irresistível ascensão do *gadget*. *Derivas analíticas*, Revista Digital de Psicanálise e Cultura da Escola Brasileira de Psicanálise, (17) http://www.revistaderivasanaliticas.com.br/index.php/resistivel.

Nobre, M. R. (2020). *Derivas do saber na cultura digital*: O sujeito do inconsciente entre algoritmos e matemas. (Tese de doutorado, Programa de Pós-Graduação em Psicologia da Universidade Federal de Minas Gerais, Belo Horizonte).

Núcleo de Informação e Coordenação do Ponto BR [NIc.br]. (2020). *Pesquisa sobre o uso da internet por crianças e adolescentes no Brasil: Tik Kids Online Brasil 2019*. Comitê Gestor da Internet no Brasil. https://cetic.br/pt/pesquisa/kids-online/publicacoes/.

Rino, T. (2012). *Steve Jobs apresenta primeiro iPhone legendado (2007)* [Vídeo]. YouTube. https://www.youtube.com/watch?v=9ou608QQRq8.

Sadin, É. (2016). *La silicolonisation du monde: L'irrésistible expansion du libéralisme numérique*. Éditions L'Échappée.

Turkle, S. (2011). *Alone Together: Why we expect more from technology and less from each other*. Basic Books.

Turkle, S. (2015). *Reclaiming conversation: The power of talk in a digital age.* Penguin Books.

ATUALIZANDO O MAL-ESTAR NO LAÇO DIGITAL: DA RENÚNCIA AO EXCESSO

Márcio Rimet Nobre

Seria um erro acreditar que existem em algum lugar sábios políticos que calculam exatamente tudo o que é preciso ser feito. Seria igualmente um erro acreditar que não os há: há!
(Jacques Lacan, 1970)

Há mais de 90 anos, Sigmund Freud publicava *O mal-estar na cultura*, trabalho decisivo no estabelecimento de novos vínculos entre o psiquismo humano e aspectos fundamentais da vida em sociedade. No centro de sua discussão, encontra-se a ideia de que a cultura, seu surgimento e respectivo avanço, decorrem de um processo de paulatina renúncia pulsional por parte dos indivíduos. Nele, Freud (1930/2023) retoma sua teoria das pulsões, com a concepção do psiquismo já reformulada desde o início da década, para situar a origem do mal-estar sob a perspectiva do desamparo do indivíduo diante da pulsão de morte.

Conforme Freud (2023), a origem da vida coletiva deve ser buscada na modificação da meta sexual das pulsões de vida para o laço de amor terno e na coerção de sua energia para o trabalho, numa ação conjunta de Eros e Ananque, amor e necessidade. Desse modo, por ação do supereu, instância psíquica que traz a herança dos ideais sociais, a cultura desenvolve-se utilizando-se da energia que originalmente estaria destinada à sexualidade, o que, em termos metapsicológicos, insere uma questão econômica já em sua base. Mas essa renúncia não é sem efeitos, já que se trata da repressão de uma expressão mais livre da sexualidade, e em seu fundamento repousa um sentimento inconsciente de culpa, que é vivido na forma de um mal-estar inerente ao nosso modo de vida.

Embora considere a busca da felicidade como estando no cerne dos propósitos da vida humana, Freud (2023) ressalta a inviabilidade do programa do princípio do prazer de se realizar: "[...] poderíamos dizer que a intenção de que o ser humano seja 'feliz' não está no plano da 'Criação'" (p. 320). A dificuldade na implementação deste que se mostra inverso ao programa do processo cultural se assentaria sobre três fontes: a fragilidade e finitude do próprio corpo, as ameaças advindas do imprevisível mundo exterior e, finalmente, o conflito resultante de nossos laços com outros seres humanos.

Ao definir cultura, Freud (2023) considera o papel do instrumental e das invenções humanas para o enfrentamento de tais fontes, seja no domínio e na proteção em relação à natureza ou na regulação do laço social, isto é, das mais tecnológicas às mais abstratas, como o código de justiça composto pelo conjunto de regras de uma sociedade:

> [...] a palavra "cultura" [*Kultur*] caracteriza a soma total das realizações e dos dispositivos através dos quais a nossa vida se distancia da de nossos antepassados animais e que servem a duas finalidades: a proteção do ser humano contra a natureza e a regulamentação das relações dos seres humanos entre si. (p. 337).

Nessa perspectiva, o processo cultural resultaria da necessidade de nos apoiarmos no enfrentamento de duas fontes de mal-estar mais imponderáveis, o que teria como custo uma terceira fonte que, embora complexa, mostra-se mais passível de algum controle, a partir da renúncia à qual os indivíduos precisam se submeter.

É justamente com relação a essa última fonte de mal-estar que propomos esta reflexão, em função das transformações percebidas no laço social em anos recentes. O atravessamento do laço pela linguagem digital impregnou a vida contemporânea com seus traços capilarizados e capitalizados mundialmente, sendo o que nos permite nomear uma cultura digital, tornada global. Nesta leitura, partimos do entendimento de que tal mudança verticaliza seus efeitos para a dimensão econômica do ponto de vista psíquico que, coadunando-se com o aspecto também econômico relativo à produção, à distribuição, à acumulação e ao consumo de bens materiais na sociedade atual, faz atualizar-se a própria noção de mal-estar resultante do laço. Mais que isso, defendemos que a transformação do laço está intrinsecamente ligada a uma mutação percebida no próprio estatuto do saber, bem como ao nosso modo de nos referenciarmos por ele.

De fato, apostamos que, a certa altura de nosso desenvolvimento tecnocientífico, a dimensão pulsional entrou na mira dos dispositivos tecnológicos, passando a ser empregada em lugar de ser simplesmente rechaçada pelo processo cultural evitando-se satisfações prazerosas. Assim, se o "mal-estar na cultura" dos tempos de Freud baseava-se na ideia de uma sociedade fundada numa forma de renúncia à satisfação pulsional, cabe perguntar: o que seria o mal-estar nos dias de hoje, quando o imperativo parece ser justamente o de um deslizamento incessante de gozo via objetos do capitalismo?

Nesse sentido, partindo dos termos de Freud seguiremos com a leitura de Lacan acerca das transformações percebidas pelo supereu, instância metapsicológica que, no texto freudiano, ocupa lugar central na problemática entre indivíduo e cultura. Com isso, poderemos apontar os efeitos do avanço tecnológico para o laço social, vislumbrando novas roupagens do mal-estar.

O mal-estar como culpa pela renúncia pulsional

Ao acrescentar à sua concepção de cultura as atividades, valores e ferramentas úteis ao trabalho e contrárias às forças da natureza, Freud (2023) traça um inventário das aquisições tecnológicas existentes até aquele momento e destaca o modo como estas acrescentam atributos dos deuses à precariedade dos órgãos humanos. Apesar de tantas conquistas, o indivíduo não encontra a felicidade, da mesma forma como são insuficientes as mais altas realizações da cultura, sejam as atreladas aos ideais de beleza ou aos padrões de limpeza e de ordem, ou mesmo à instituição da justiça que regula o pacto da renúncia pela partilha cultural. Tudo isso revela-se incapaz de aplacar os anseios individuais de felicidade.

Entretanto, se quanto às duas primeiras fontes muito pouco resta a ser feito, alguns recursos mostram-se disponíveis em relação à terceira. Freud (2023) distingue duas saídas para se driblar essa ameaça e atingir alguma quota de felicidade: uma positiva e outra negativa. No primeiro caso, busca-se experiências de prazer; no segundo, busca-se evitar a dor e o desprazer. Mas, mesmo sendo tentador conduzir a vida nos termos de uma satisfação irrestrita, colocar o gozo antes da prudência poderia se reverter em punição, sendo desse ponto que surge o papel do supereu. Nesse sentido, a busca de prazer termina, invariavelmente, cedendo lugar à evitação do desprazer, havendo diversos métodos para que isso ocorra, os quais Freud enumera.

Retomado por Freud (2023) para o âmago dessa questão, o supereu tem seu papel situado como regulador, via sentimento de culpa, de que o indivíduo se mantenha em consonância com os ideais culturais. Em resumo, nesse processo a renúncia pulsional advém da angústia diante da agressão externa e do temor de perda do amor que nos protege contra essa agressão, em função da instauração interna da autoridade de uma consciência moral que dá origem ao supereu. Agindo como uma autoridade vigilante contra atos ou mesmo intenções indisfarçáveis provenientes do desejo do indivíduo, o supereu faz surgir o sentimento de culpa e a necessidade de punição que, muitas vezes, até mesmo antecedem o ato delituoso, ao invés de sucederem-no. A necessidade inconsciente de punição está relacionada à parte da agressão que o indivíduo interiorizou, da qual o supereu lança mão contra ele. Conforme Freud (2023), independentemente do fato de que tenha ou não ocorrido algum ato delituoso, esse processo põe em causa a renúncia pulsional, sendo o que coage o indivíduo ao adiamento de um prazer e à canalização da energia da libido para o edifício cultural.

Se na base da cultura sobre a qual Freud se debruça o supereu atuava como um resíduo interno da consciência moral, operando a partir da culpa inconsciente, uma questão impõe-se: de onde provém no presente momento histórico o mal-estar, quando algo parece ter se deslocado tanto em relação ao processo cultural, quanto ao processo individual no sentido de nos compelir a uma fruição desmedida, muitas vezes sob formas arriscadas para o indivíduo? Conforme Freud (2023), na renúncia pulsional daqueles tempos havia a troca de uma parcela de liberdade do indivíduo por outra de segurança, o que exigia reconhecimento mútuo, necessário à proteção na coletividade. Ao que parece, estamos hoje mais descrentes da punição em seus diferentes níveis e, em contrapartida, reclamando cada vez maior grau de liberdade. Essa troca de segurança por liberdade parece incidir especialmente nas ações que se dão no âmbito da nova linguagem digital.

O mal-estar como ordenador de gozo: consuma!

As facilidades e seduções ao prazer dos indivíduos se evidenciam no meio social virtualizado que a linguagem digital deu causa, assim como os problemas que se moldaram e se multiplicaram no mesmo patamar. Os riscos representados por essa fruição, entretanto, não são mais suficientes para nos fazer ponderar sobre o mergulho nesse universo paralelo. Afinal, ele não é tão paralelo assim, uma vez que se implantou no centro de todo o processo social, tornando-se uma exigência até mesmo para a partilha do laço. Além disso, a coação do indivíduo no sentido da cultura mudou de sinal, do negativo para o positivo: se antes éramos obrigados a abandonar o prazer, hoje somos constrangidos a nos entregarmos a ele, tão rendidos estamos aos dispositivos que veiculam essa forma de viver e de nos enlaçarmos.

O laço social é objeto da atenção de Lacan em um momento peculiar de seu ensino, contemporâneo não apenas da conturbação política do "maio de 1968" e da própria Guerra Fria, mas também da expansão tecnológica das teorias da informação que, àquela altura, caminhavam a passos largos. Lacan tematizou o laço como resultando de uma articulação entre o pulsional e a linguagem, o grande Outro simbólico, tendo equiparado laço social e discurso. Assim, no seminário *O avesso da psicanálise*, Lacan (1969-1970/1992) apresentou uma teoria dos discursos em que passava a compreender a linguagem como resultante de uma vinculação inédita do saber inconsciente aos efeitos de gozo[6], trazendo de saída a perspectiva pulsional. Com a formalização do matema discursivo, sujeito e Outro articulam-se em modalidades de laço que se formam pelo rearranjo constante dos significantes — S_1, S_2, $\$$ — e do objeto *a* na topologia do matema, resultando nas quatro matrizes: do mestre, da histérica, do analista e universitário. Nesse seminário, o objeto *a* traz importante diferença na concepção de Lacan (1992), que diz respeito à dupla vertente de gozo: a dinâmica que inclui uma dimensão de perda de gozo e a subsequente tentativa de suplementação dessa perda, um mais-de-gozar, inspirado no conceito de mais-valia de Karl Marx.

Embora o mal-estar não seja diretamente tematizado, ao vincular o saber como "meio de gozo", Lacan (1992) aponta para o caráter impossível de que o laço social dê conta do aspecto mais singular da subjetividade, ou seja, o próprio gozo, representado pelo objeto *a*, que aí aparece como furo do real na linguagem, o que tem por base a ideia da castração como atributo da subjetividade. Por isso, podemos compreender que os discursos, embora tragam o ponto de real em sua estrutura, funcionam ainda na lógica da dialética do desejo, articulando os indivíduos via saber e gozo. Para além de figurar como elemento do matema, o gozo tem seu campo instituído a partir desse seminário e, apesar da adoção do gozo pela linguagem, a felicidade permanece sem qualquer garantia e, sobre ela, dirá Lacan (1992): "ninguém sabe o que é" (p. 69).

Uma novidade se introduz nessa teoria quando Lacan (1972/1978) propõe o discurso capitalista, subvertendo a dinâmica e a lógica dos quatro primeiros e anulando a impossibilidade como atributo do laço. Essa proposta

---

[6] Embora Freud empregue a palavra "gozo", é ainda referida a seu sentido usual na língua, ou seja, em termos de prazer alcançado na fruição de um bem, de um processo. Em Lacan, o gozo alcança um patamar conceitual, desdobrando-se em diferentes momentos de seu ensino e tornando-se cada vez mais central. De modo geral, o gozo diz respeito àquilo que ultrapassa os limites do campo simbólico, indo "além do princípio do prazer", tendo sido inferido, portanto, do próprio avanço do pensamento de Freud. Nesse sentido, o gozo diz respeito ao que, no *falasser* [*parlêtre*], mostra-se mais concernente ao real.

irá permitir uma mudança na própria concepção de supereu, garantidor do laço via culpa inconsciente. Assim, no *Seminário 20*, Lacan (1972/2010) indicará o supereu a partir da perspectiva que aponta o gozo como correlato da castração, introduzindo uma guinada que atualiza a função dessa instância nos termos da presentificação dos conteúdos culturais:

> Aqui eu aponto a reserva que esse campo do direito implica: direito ao gozo. O direito não é o dever. Nada força ninguém a gozar, exceto o supereu. O supereu é o imperativo do gozo: Goze! É o mandamento que parte de onde? É bem aí que se encontra o ponto axial que o discurso analítico interroga. (Lacan, 2010, p. 14).

Desse modo, nesse último quartel do século XX, o supereu surge não mais como uma instância proibitiva do gozo, mas como um ordenador, cuja função, a se pensar em sua vertente inconsciente, é ainda exercida na forma de uma tirania.

Lacan (1992) havia tratado sobre a tirania do saber da ciência moderna nos termos de seu discurso universitário para falar de uma mudança no modo como o saber se fixou como conhecimento, o que representa já uma mudança de seu estatuto. Ora, se o saber já se exercia como uma tirania ainda sob efeito da repressão da sexualidade em tempos modernos, é no contexto do discurso capitalista que ocorre essa virada de chave — a tal troca de sinais anteriormente mencionada —, quando a lógica do consumismo desenfreado se estabelece socialmente como modo preferencial de fruição.

A repressão sexual notada por Freud não passava da face visível de uma operação estrutural para o psiquismo: trata-se do recalcamento, surgido em função dos avanços na direção da virada para a segunda tópica, como nos alertou Lacan em *Televisão* (1973/2003). É nesse texto, inclusive, que ele atribui ao supereu uma curiosa característica quanto à sua dinâmica: "A gulodice pela qual Freud denotou o supereu é estrutural – não é um efeito da civilização, mas um 'mal-estar (sintoma) na civilização'" (Lacan, 2003, p. 528).

Essa gulodice quer dizer que, quanto mais cedemos às suas injunções, mais voraz se torna o supereu, o que traz evidentes consequências clínicas e políticas, conforme Iannini e Santiago (2023): "processos sociais inflacionados por identidades estáveis e fechadas sobre si mesmas, identidades 'familiares' ou narcísicas, tendem a fomentar o desenvolvimento de Supereu cultural também excessivamente feroz" (p. 60).

Na medida em que o discurso capitalista busca transmitir a supressão da marca de impossibilidade estrutural da castração, deixando aberto o caminho para uma nova regulação superegoica, franqueia em alguma medida o exercício do gozo e não mais simplesmente o proscreve (Lima & Nobre, 2023). Assim, a injunção parece orientar-se cada vez mais para o consumismo, em que os objetos produzidos pelo mercado se vinculam subjetivamente ao nível da demanda, com seu incessante intercâmbio e crescente descartabilidade, no lugar de resto. Com essa premissa, o discurso capitalista põe o sujeito a funcionar num modo cada vez mais individualista, fazendo-o eterno credor da lógica meritocrática, em que o consumo é nova injunção superegoica, condição para partilha de um laço cada vez mais fragilizado e mediado pela verdade do mercado, a operar como mestre.

Figura 1 – Discurso Capitalista

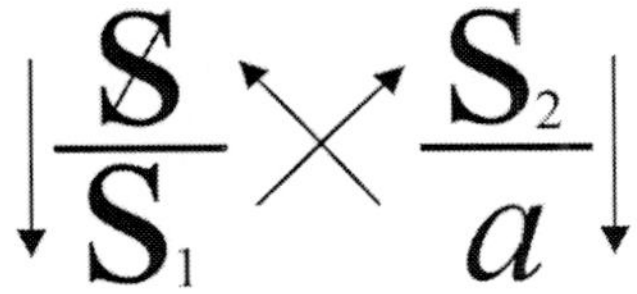

Fonte: adaptada de Lacan, 1978.

Para Safatle (2021), o modo de se conduzir do indivíduo contemporâneo está articulado a padrões de governabilidade cada vez mais enraizados psiquicamente. Trata-se de um indivíduo cada vez mais instado a performar sob o perfil de um estilo de vida empresarial, internalizando e aplicando para si princípios e valores empresariais como os de investimento, inovação e rentabilidade, entre outros (Safatle, 2021).

Em nossa perspectiva, este nexo, que já se encontrava motivado pelo excesso de informação ao impor o consumo de massa através dos meios de comunicação analógicos, seguido do convite a que o indivíduo se dispusesse, ele próprio, a performar como algo a ser consumido, ganha incremento nos anos recentes. A linguagem digital imprime velocidade no estímulo a esse consumo que, a essa altura, já não deve mais ser tomado apenas como aquisição de bens, duráveis ou não, mas sim da própria informação tornada objeto das trocas sociais.

Aceleração do consumo e atualização do mal-estar no discurso digital

Nos dias atuais, o estímulo ao consumo encontra na informação não apenas um veículo, mas o próprio bem a ser consumido, moeda a ser trocada. A vida tornou-se dependente de dispositivos cada vez mais específicos nas ações virtuais, dominantes em todas as esferas. Além disso, se o funcionamento de tais esferas passava inicialmente pelo simples aval dado às cegas aos "termos de uso" dos programas e plataformas, com o tempo fomos constrangidos a assinar versões mais completas ou quinhões maiores para armazenar dados no infinito espaço virtual. Logo, estamos pagando para que o *big data* esteja de posse de nossos dados. Com isso, ele põe em ação dispositivos pontuais, no sentido de cercear nossa ação, limitando--nos o campo de visão por meio de algoritmos, bolhas etc. O excesso de velocidade no tráfego — e no tráfico — de dados por meio das empresas dominantes nesse mercado imprime o ritmo da vida, garantindo o consumo de informação que, no fim das contas, irá redundar em consumo de bens.

Na circularidade infinita dos termos do matema, a metonímia do gozo ganha uma aplicação prática em função de seu acoplamento à informação, justamente porque ela se insere no nicho do saber, esse meio de gozo já apontado por Lacan (1992). Nesse caso, o saber inconsciente rechaçado no âmbito da ciência moderna se apresenta ainda mais deteriorado diante de um maior afluxo de gozo, em virtude do hiperinvestimento na informação. Se o alcance do saber representado pelo conhecimento no discurso universitário exigia todo o árduo percurso de formação, incluindo-se a subordinação da sociedade ao discurso científico, a informação, ao contrário, exibe-se por toda parte, dos almanaques às esquinas das cidades, com colorido, som e movimento.

Quando tornada digital e facilmente acessível, a informação passa a intervir em todas as esferas frequentadas pelo sujeito, que se regozija em "realizar" suas fantasias mais recônditas enquanto "surfa" por meio dos *gadgets*. E é em função dessa modalidade de informação advinda dos dígitos que defendemos que uma nova discursividade encontra-se em formação, sendo correlata à recente mudança no estatuto do saber que, tão miscigenado ao gozo, torna-se, ele próprio, objeto. Nesse sentido, pode ser divertido, como queria Lacan (1992), brincar com os termos e propormos um novo matema — um *discurso digital* — a partir de um rearranjo do segundo campo do capitalista, como ilustrado a seguir:

Figura 2 – Mutação do Discurso Capitalista para o Discurso Digital

Fonte: elaboração do autor adaptada de Lacan, 1978.

Aqui, a informação digital é, portanto, um saber que tem a especificidade de ser fruto da nova linguagem, a qual se articula por um formato algorítmico numérico, diferente daquele de Saussure e que Lacan subverteu.

Se no individualismo pelo discurso capitalista o sujeito havia alçado o lugar de agente dirigido à própria verdade, no discurso digital esse aspecto ganha reforço, na medida em que, se antes essa verdade se dirigia ao saber no campo do Outro, aqui ela está diretamente relacionada ao objeto, sendo o saber relegado ao lugar de resto. Estando o gozo articulado à informação, é com uma sorte de excessos que passamos a lidar, o que assume o tom de uma constante e sedutora convocação para os caminhos virtuais. É fácil ceder aos encantos dessa modalidade lúdica e pouco exigente do saber, que tão facilmente consegue implementar a lógica do mais-de-gozar, uma vez que ele próprio, ao tornar-se objeto, traz menor compromisso com a dimensão simbólica e, ao contrário, reforça o campo imaginário.

Nessa nova escala de trocas atravessadas pelo mestre fornecedor de novos S_1, cercado do colorido atributo que reveste o meio digital, pouco tempo e espaço restam para uma reflexão que venha permitir o descolamento dos *gadgets*. De fato, cada vez mais observamos a progressão no distanciamento de uma experiência presencial da vida, e mesmo quando vamos a ela, nossa atenção parece voltada a fazer algo que possa ser compartilhado na rede. Para muitos, ficar fora da rede, estar sem acesso, manter-se em situações que dificultem a atualização a cada instante sobre o que acontece no mundo digital, tornou-se experiência penosa; algo da ordem de um mal-estar que se atualiza no fato de que o sujeito não esteja consumindo informações e suas consequências. Nesse sentido, parece razoável nos questionarmos sobre os efeitos desse modo de vida para o ordenamento superegoico, pois o laço digital parece ainda mais atrelado a uma dimensão de gozo.

A gula característica da dinâmica do supereu não deve ser compreendida como estando submetida a esse ou aquele conteúdo, como o da moralidade que caracterizava, por exemplo, a cultura dos tempos de Freud. O que caracteriza essa instância afiliada à dimensão cultural é, em grande medida, um modo de funcionar em defesa das premissas de determinada sociedade ou contexto. Nesse sentido, pode-se recorrer à noção de *ethos*, essa morada de nosso caráter, pressuposto inicial que baliza a dimensão ética de determinado povo, período ou época, determinando costumes, modos de viver e de interagir, de fazer laços, experimentar afetos e se referenciar por saberes de diferentes naturezas. Para Lima e Nobre (2023), a sociedade digital desenvolve-se a partir de um novo *ethos*, marcado pela linguagem e pela cultura do número, ao qual fomos inicialmente convidados a habitar, sendo hoje convocados a nele permanecer em função do forte apelo ao campo do gozo, ao afeto mediatizado não pelo saber, mas por seu resíduo, a informação tornada objeto.

Instalando-se no lugar da regulação superegoica do saber inconsciente, a informação implementa um modo mais direto de fruição pelo indivíduo, que fica à deriva de seu gozo. Essa exigência está, portanto, no cerne daquilo que, a partir da cultura digital, parece apresentar novo marco regulatório para o laço social, atrelando-se à castração pela dinâmica de perda e suplementação de gozo. Nesse sentido, o discurso digital vem apresentar uma otimização daquilo que o capitalista já trazia como limitador do laço social, em função de uma exclusão do sexual.

> [...] o discurso capitalista se sustenta pela exclusão do sexual, isto é, pela foraclusão da castração. Ele leva a crer, com efeito, que o sujeito pode encontrar no mercado o objeto que a ciência fabrica para satisfazer seu desejo. Privado da possibilidade de simbolizar a falta estrutural de gozo, o sujeito responde constituindo-se como indivíduo. (Sauret, 2003, p. 100).

Estando o sujeito já capturado na vertente do gozo e isento dos ritos e das obrigações anteriores para o exercício do saber, trata-se antes de uma apropriação econômica do mais-de-gozar pelo mercado digital do *big data* que propriamente de uma anulação de seus efeitos. Desse modo, o empuxo ao gozo que caracteriza os excessos que tanto nos arrebatam e às vezes assustam, alterando nossa relação com tempo e espaço e causando efeitos danosos para o laço social, impõe um ritmo de vida alucinante, ele próprio tirânico. Sem as feições do antigo mal-estar que teve por base a repressão da sexualidade, o laço fragiliza-se, expandindo-se até mesmo o mercado do sexo, na descartabilidade das parcerias amorosas que se banalizam como qualquer produto, conforme abordado por Zigmunt Bauman (1998, 2004). Pois, em se tratando de gozo, a questão torna-se antes quantitativa que qualitativa, o que se coaduna ainda mais com a lógica numérica. Daí podermos falar em excesso, pois quanto mais se goza, mais se quer repetir essa experiência.

Considerações finais

A essa altura, o exercício da renúncia pulsional torna-se ainda mais distante, e é o mal-estar que precisa atualizar-se diante do excesso de gozo. A abundância de linguagem provocada pela informação atordoa-nos com seu modo acelerado, tornando-nos incapazes de renunciar a essa modalidade acessível, tão à mão se encontra e a todo instante. A experiência digital assemelha-se a um caldo de informações de todas as ordens, em que se misturam os mais variados temas, fazendo-nos experimentar um mal-estar referido antes à dificuldade de dar conta do grande volume de linguagem que nos chega e não pode ser processada.

Se nos tempos de Freud a libido sexual era canalizada para fins sociais, hoje o próprio laço se ressente de uma desvalorização crescente de seu papel social e a energia se espalha pelos caminhos virtuais inaugurados pela tecnologia. Com os sinais trocados, o mal-estar atualiza-se e a severidade do supereu reflete não apenas uma parte das prescrições sociais interiorizadas pelo sujeito, mas também o impulsiona a ir além do princípio de prazer, aspecto que exigiu maior distinção dessa instância em relação ao ideal do Eu.

Na nova linguagem digital engendrada por esse *saber-informação*, o hipermestre toma sua forma por meio do *big data*, lançando mão de recursos tecnológicos para atingir o que há de mais singular na subjetividade e extrair seu gozo, tal como o mestre antigo extraía do Outro da linguagem, pondo-nos a trabalhar enquanto nos divertimos. Configurando-se como um desdobramento especializado do capitalista, no discurso digital o sujeito se afirma no lugar de comando, ainda sob a ilusão de que sua ação esteja livre no recinto da rede mundial. Nesse espírito, exacerba-se o individualismo personalizado propiciado pela gestão algorítmica, que inunda o indivíduo de fragmentos de linguagem, deslizando ao sabor dos *feeds* de informação, sem compromisso com qualquer encadeamento. Nesse processo é o mal-estar que se atualiza sob novas modalidades da culpa: culpa por não conseguir acompanhar, por ter que se desligar e, ainda assim, não conseguir descansar ou, simplesmente, pelo cansaço de tanto consumir enquanto se consome. Nesse moto-contínuo que se atrela ao perde-e-ganha de uma acelerada experiência de gozo, pouco tempo resta para o exercício da interioridade, necessária para que o sujeito se manifeste na dimensão faltante, articulando-se ao laço que admita às impossibilidades inerentes à condição humana e à cultura, propiciadoras do inconsciente como saber a ser construído.

Referências

Bauman, Z. (1998). *O mal-estar na pós-modernidade.* (Mauro Gama & Cláudia M. Gama, Trad.). Jorge Zahar.

Bauman, Z. (2004). *Amor líquido: sobre a fragilidade dos laços humanos.* (C. A. Medeiros, Trad.). Zahar.

Freud, S. (2023). O mal-estar na cultura. In Freud, S. *Cultura, sociedade e religião: O mal-estar na cultura e outros escritos* (1ª ed, 3. reimp). (M. R. S. Moraes, Trad.). Autêntica. (Obras incompletas de Sigmund Freud; coord. Gilson Iannini, Pedro Heliodoro Tavares).

Iannini, G. & Santiago, J. (2023). Mal-estar, clínica e política. In Freud, S. *Cultura, sociedade e religião: O mal-estar na cultura e outros escritos* (pp. 33-63). (M. R. S. Moraes, Trad.). Autêntica. (Obras Incompletas de Sigmund Freud; coord. Gilson Iannini e Pedro Heliodoro Tavares).

Lacan, J. (1978). Discours de Jacques Lacan à l'Université de Milan le 12 mai 1972, paru dans l'ouvrage bilingue: *Lacan in Italia* 1953-1978 (pp. 32-55). Salamandra.

Lacan, J. (1992). *O Seminário, livro 17: O avesso da psicanálise, 1969-1970.* Vers. bras. Ary Roitman. Jorge Zahar Ed. (Campo Freudiano no Brasil).

Lacan, J. (2003). Televisão (1973). In Lacan, J. *Outros escritos* (pp. 508-543). (V. Ribeiro, Trad.). Jorge Zahar. (Campo Freudiano no Brasil).

Lacan, J. (2010). *Encore* (1972-1973). (Teixeira Ribeiro, Trad., Isabela B. do Prado, Rev.) Edição não comercial destinada aos membros da Escola. Escola da Letra Freudiana.

Lima, N. L. & Nobre, M. R. (2023). Psicologia das massas e análise do *ethos* digital. *Humanidades e Inovação,* Palmas, TO, 10(4), 332-347.

Safatle, V. (2021). A economia é a continuação da psicologia por outros meios: sofrimento psíquico e o neoliberalismo como economia moral. In Safatle, V., Silva Júnior, N. da, & Dunker, C. (Orgs.). *Neoliberalismo como gestão do sofrimento psíquico.* Autêntica.

Sauret, J. M. (2003). A pesquisa clínica em psicanálise. *Psicologia USP,* 3(14), 89-104.

A VIOLÊNCIA DA MÁQUINA DE GOZO NAS MASSAS DIGITAIS

Nádia Laguárdia de Lima

Nos últimos anos, ocorreu uma série de ataques a escolas em diferentes cidades brasileiras. Nas matérias de jornais e nos debates realizados nas mídias sociais sobre esses ataques, várias referências foram feitas ao massacre de Columbine, ocorrido em 1999, nos EUA, um marco na cultura da violência extrema que se instalou nas escolas. Esse massacre foi o primeiro a ser transmitido em tempo real em muitos canais de televisão norte-americanos, iniciando uma prática que depois se tornaria bastante comum e causando polêmica quanto à influência da mídia em atos criminosos. Os jovens que cometeram os crimes em Columbine faziam parte de uma máfia conhecida como Máfia da Capa Preta, formada por alunos da *Columbine High School*, que defendiam os preceitos do nazismo e postavam em seus blogs discursos de ódio contra os inimigos. Esses jovens se transformaram em uma espécie de heróis para muitos estudantes em todo o mundo.

Pesquisas realizadas sobre os ataques ocorridos nas escolas do Brasil também indicam a participação de jovens em fóruns extremistas *online*. Assim como ocorreu nos Estados Unidos, foi possível perceber no Brasil o efeito identificatório detectado a cada novo massacre, filmado com detalhes sórdidos e transmitido na *web*. Fotos, vídeos e textos com elogios a autores de ataques a escolas circulam livremente nas redes sociais, em grandes plataformas de compartilhamento de conteúdo da internet, como Twitter e TikTok, gerando reflexões sobre a responsabilidade das plataformas em permitir a circulação de conteúdos violentos em suas páginas.

Muito se tem discutido sobre a capacidade da internet de incrementar a violência através da propagação de narrativas e imagens de cunho racista, homofóbico, misógino, dentre outros. Os linchamentos, cancelamentos, difamações e discursos de ódio demonstram o potencial nocivo das massas digitais.

A partir da orientação de Lacan (1953/1998b) de que o psicanalista precisa alcançar em seu horizonte a subjetividade de sua época, interrogamos as incidências da lógica digital na formação das massas e na promoção da violência na atualidade.

A violência como um mal-estar na cultura

A forte impressão causada em Freud pela 1ª Guerra Mundial, levou-o a escrever uma série de textos sobre a cultura na década de 1920. Em seu texto *Por que a guerra?* (1933/2020b), em resposta à pergunta de Einstein sobre o que poderia ser feito para defender as pessoas da fatalidade da guerra, Freud vai destacar a dimensão psíquica envolvida nos conflitos humanos, abordando a violência como o resultado de uma inclinação pulsional. As incontáveis crueldades e atrocidades da história demonstram que "os motivos ideais só teriam servido de pretexto aos apetites destrutivos" (p. 435). A noção de pulsão de morte, que ganha centralidade em sua obra a partir da década de 1920, torna-se fundamental para a compreensão da violência humana.

Em seu clássico *O Mal-Estar na cultura* (1930/2020a), Freud sublinha que a vida social se funda na renúncia à satisfação pulsional, cujo efeito subjetivo é a sensação de mal-estar. O autor evidencia que a dimensão psíquica se articula às condições culturais de uma época, assim como os fenômenos sociais não podem ser abordados sem levar em conta o funcionamento psíquico do sujeito.

Freud (1930/2020a) descreve as duas principais funções da cultura: "[...] a proteção do ser humano contra a natureza e a regulamentação das relações dos seres humanos entre si" (p. 337). No entanto, a cultura não cumpre satisfatoriamente essas funções. A felicidade só pode ser experimentada de maneira intermitente e episódica, enquanto o sofrimento é muito mais fácil de ser vivido e se manifesta a partir de três fontes: "o poder superior da natureza, a fragilidade do nosso próprio corpo e a inadequação dos dispositivos que regulam as relações dos seres humanos entre si na família, no Estado e na sociedade" (Freud, 1930/2020a, p. 332). A cultura é incapaz de proteger satisfatoriamente o homem dos sofrimentos que o mundo externo, o seu corpo e os relacionamentos sociais lhe impingem.

A impossibilidade de se alcançar a plena felicidade se justifica, fundamentalmente, pelas limitações da nossa constituição psíquica. No coração do ser humano existe uma natureza inconquistável referida à nossa própria constituição psíquica e que está na causa do mal-estar — a pulsão de morte — e o Supereu é a instância psíquica responsável pelos destinos da agressividade e da violência no sujeito.

Dentre as três fontes de mal-estar descritas por Freud (1930/2020a), o sofrimento proveniente das relações com outros seres humanos é sentido como o mais doloroso, e, assim como os outros, é até certo ponto inevitável. A agressividade primária é responsável por parte do sofrimento humano e constitui uma ameaça constante de dissolução do laço social. Para Freud, o ser humano possui, entre as suas habilidades pulsionais, uma poderosa inclinação para a agressão:

> Em resultado disso, o próximo não é, para ele, apenas um possível colaborador e um objeto sexual, mas é também uma tentação, de com ele satisfazer a sua tendência à agressão, de explorar a sua força de trabalho sem uma compensação, de utilizá-lo sexualmente sem o seu consentimento, de se apropriar de seus bens, de humilhá-lo, de lhe causar dores, de martirizá-lo e de matá-lo. (Freud, 1930/2020a, p. 363).

Para o autor, essa agressão cruel aguarda por alguma provocação, ou coloca-se a serviço de algum outro intuito, e em circunstâncias que lhe são favoráveis, ela manifesta-se, "revelando o ser humano como uma besta selvagem, alheia à tendência de poupar a própria espécie" (p. 363). A presença dessa hostilidade nos seres humanos ameaça a sociedade de desintegração, e os esforços da cultura no sentido de conter essa agressividade se mostram sempre insatisfatórios.

A dificuldade de se querer bem ao estranho se dá pelo fato desse preceito constranger a expressão das duas tendências pulsionais: a de Eros, que visa manter o outro como objeto restrito à sua satisfação sexual, e a pulsão de morte, que visa dirigir ao outro a sua agressividade inata. Não é fácil para o homem abandonar a satisfação dessa inclinação para a agressão. Assim, um grupo cultural encontra um escoadouro para a pulsão agressiva sob a forma de hostilidade contra intrusos. Freud nomeia esse fenômeno de "narcisismo das pequenas diferenças", e diz tratar-se de uma satisfação conveniente e relativamente inócua da inclinação para a agressão, através da qual a coesão entre os membros da comunidade é tornada mais fácil (1930/2020a).

A teorização lacaniana situa a agressividade como uma tendência a um modo de identificação narcísica, que constitui a estrutura formal do eu (Lacan, 1948/1998a). Para Lacan, na origem da linguagem, o desejo encontra-se em relação imaginária, alienado no outro, não havendo saída para sua tensão a não ser a eliminação desse outro (Lacan, 1953-1954/1993). Desse modo, a agressividade é analisada a partir da alienação do sujeito à imagem de seu corpo e da ameaça à integridade imaginária.

A violência, por sua vez, não se constitui como um conceito propriamente psicanalítico. Em 1957-1958, Lacan defende que a agressividade pode ser simbolizada e ingressar no registro da fala, e considera a violência enquanto:

> [...] o que há de essencial na agressão, pelo menos no plano humano. Não é a fala, é até exatamente o contrário. O que pode produzir-se numa relação inter-humana são a violência ou a fala. Se a violência se distingue em sua essência da fala, pode colocar-se a questão de saber em que medida a violência como tal - para distingui-la do uso que fazemos do termo agressividade - pode ser recalcada, uma vez que postulamos como princípio que só pode ser recalcado, em princípio, aquilo que revela ter ingressado na estrutura da fala, isto é, a uma articulação significante. Se o que é da ordem da agressividade chega a ser simbolizado e captado no mecanismo daquilo que é recalque, inconsciência, daquilo que é analisável, e até, de maneira geral, daquilo que é interpretável, é por intermédio do assassinato do semelhante que está latente na relação imaginária. (Lacan, 1957-1958/1999, p. 471).

Nessa perspectiva, a violência pode ser diferenciada da agressividade a partir da sua relação com a linguagem. A agressividade seria uma manifestação estruturada pelo campo da linguagem, enquanto a violência uma ruptura com a linguagem. A violência está associada ao que excede o corpo e que não se inscreve na linguagem. Em 1954, Lacan já havia destacado que "[...] nos confins onde a palavra se demite começa o âmbito da violência [...]" (1954/1998c, p. 376). Assim, a violência pode ser tomada como um excesso pulsional que ocasiona a ruptura dos laços sociais, como uma forma de mal-estar na cultura.

A violência das massas: o que há de novo?

O texto freudiano *Psicologia das massas e análise do Eu* (1921/2020c) permanece uma chave de leitura para esse fenômeno, mas ele não alcança toda a complexidade da nossa época. Desse modo, ele será retomado em diálogo com alguns textos de Lacan e de autores que analisam o contexto contemporâneo.

Freud (1921/2020c) descreve o princípio da formação de uma massa a partir do processo de identificação, que ele define como a forma mais elementar de ligação afetiva com o objeto. O autor enfatiza que o poder aglutinador da massa está nos laços libidinais, ou seja, o afeto constitui a essência da psique das massas: "A constituição libidinal de uma massa resulta de uma quantidade de indivíduos que colocam um único objeto no lugar de seu Ideal do Eu e, em consequência, identificam-se uns com os outros em seu Eu" (p. 192).

Figura 3 – Esquema de Freud da formação das massas

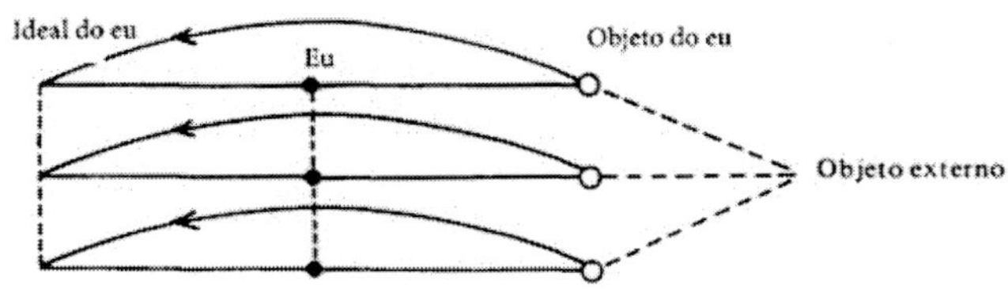

Fonte: Freud, 2020c.

Embora Freud faça distinção entre as instâncias psíquicas ideal do Eu, Eu e Supereu, ela é realizada de forma mais clara por Lacan. Em *O Seminário, livro 11, os quatro conceitos fundamentais da psicanálise* (1964/1993), Lacan define o Ideal do eu como uma instância simbólica, um ponto de onde o sujeito se verá como é visto pelo outro. Para Lacan, um significante introduz uma perspectiva centrada no ponto Ideal, lugar "de onde o Outro me vê, na forma que me agrada ser visto" (1993, p. 253). Assim sendo, alguns significantes mestres comandam a formação do Ideal do eu para um sujeito, e o líder é alçado ao lugar de Ideal por sustentar um significante mestre que o sujeito considera ideal.

Para Lacan (1948/1998a), o Ideal do eu tem uma função apaziguadora, permitindo ao sujeito transcender a agressividade constitutiva da primeira individuação subjetiva: "Ela instaura uma distância pela qual, com sentimentos da ordem do respeito, realiza-se toda uma assunção afetiva do próximo" (p. 120). O líder, tal como o pai, é uma figura de exceção com a qual é possível ter um traço de semelhança, mas não uma identificação total. Esse é um aspecto importante a ser ressaltado. O líder mantém certa diferença em relação aos membros do grupo, pois, ao ocupar o lugar de Ideal do eu, sustenta algo a mais que o grupo e também sustenta certa diferença entre os membros do grupo.

Se o Ideal do eu tem uma função apaziguadora, o que levaria uma massa a agir de forma violenta? É possível responder a essa questão pelo efeito hipnótico provocado pela figura do líder sobre a massa. Freud indica que o efeito hipnótico da massa é resultado de algo perturbador, *infamiliar*, que a figura do líder evoca. Em suas palavras, "A hipnose possui algo diretamente *infamiliar* em si" (1921/2020c, p. 203).

A submissão cega a um líder comporta, pois, uma exterioridade íntima, uma extimidade, noção desenvolvida por Lacan em seu *seminário 7, a ética da psicanálise* (1959-1960/1997). Lacan define *das Ding* como o real, fora do simbólico, algo excluído no interior do sujeito, constituindo uma extimidade. O mais próximo é ao mesmo tempo o mais estranho, é a iminência intolerável do gozo. Posteriormente, Lacan vai definir o objeto *a* como esse ponto de alteridade no Outro, que remete o sujeito à própria alteridade, como um aparecimento no real, que causa angústia.

Em 1964, Lacan (1993) retoma o esquema freudiano da *Psicologia das massas* para dizer que Freud fornece um estatuto à hipnose ao superpor no mesmo lugar o objeto *a* e o Ideal do eu, acrescentando que o objeto *a* pode ser idêntico ao olhar. Em suas palavras: "o objeto é ali um elemento difícil de apreender, mas incontestável, o olhar do hipnotizador" (Lacan, 1964/1993, p. 257). O objeto olhar produz um duplo efeito, de fascínio e horror, possuindo ao mesmo tempo um caráter hipnótico e persecutório.

Assim, Lacan define a hipnose pela confusão, num ponto, entre o significante ideal em que o sujeito se refere, e o objeto *a*. Em seguida, distingue a hipnose da experiência analítica: "Quem não sabe que foi ao se distinguir da hipnose que a análise se instituiu? Pois a mola fundamental da operação analítica é a manutenção da distância entre o I e o a" (Lacan, 1964/1993, p. 258). Numa experiência analítica, o analista isola o objeto *a*, e coloca-o à maior distância possível do Ideal que ele, o analista, é chamado a ocupar, possibilitando a travessia do plano da identificação, conduzindo o sujeito ao plano onde a pulsão possa se presentificar-se.

Para Freud (1921/2020c), tanto no apaixonamento quanto na hipnose existem a mesma humilde submissão, docilidade, ausência de crítica, enfim, a mesma absorção da iniciativa própria. No caso da massa, dirá Freud: "Ela contém um suplemento de paralisia proveniente de um ser superpoderoso e um ser impotente, desamparado [...]" (p. 191). O autor remete essa imagem do líder superpoderoso ao totem do mito da horda originária: "O caráter infamiliar, coercitivo, da formação de massas, que se manifesta em seus fenômenos de sugestão, pode, portanto, com razão, ser remontado à sua proveniência da horda originária" (2020c, p. 206).

No mito freudiano, o pai primevo, que guardava para si todas as mulheres, foi assassinado pelos seus filhos e instituído como totem. Em *Totem e tabu*, Freud (1913/1974) ainda não havia elaborado a noção de supereu. No entanto, é possível reconhecer nesse texto um supereu originário, quando ele declara que os tabus sustentam um "imperativo categórico" (Freud, 1913/1974) compartilhando da mesma sujeição à lógica compulsiva da repetição. O mito aborda o aspecto irracional do supereu, e sua ligação com a pulsão de morte. Os ideais culturais exigem a consecução de suas aspirações, mas deixam como resto o efeito dissolvente do supereu na singularidade do sujeito. Para Lacan, o sujeito constitui-se no campo do Outro e o objeto *a* surge como resíduo dessa operação. O sujeito recebe do Outro um: tu és .... que ele ouve, sem atributo, de forma interrompida. "A raiz do supereu é toco de palavra que se desprende do Outro e implica a voz que só se incorpora, não se assimila. Supereu como real, a voz, uma das formas do objeto *a*" (Ambertín, 2009, p. 227). No seminário 20, Lacan questiona o que é o gozo, e responde que ele não serve para nada. Acrescenta que esse gozo sem serventia tem relação direta com o supereu, que impõe o gozo. O supereu é o imperativo de gozo (Lacan, 1972-1973/1985).

Em *Psicologia das massas*, o líder é inicialmente enaltecido, e posteriormente elevado à posição de Amo Absoluto, sendo que a massa fica totalmente à sua mercê. Há uma passagem da face idealizada e protetora do pai a outra maligna: "Se as perfeições do pai não podem ser alcançadas, pode-se submeter a ele, como uma 'degradante maneira de sustentá-lo'" (Albertín, 2009, p. 60). Freud (1921/2020c) demonstra a passagem do amor da idealização para o gozo do supereu. Em suas palavras: "na cegueira amorosa nos tornamos criminosos sem remorsos" (1921/ 2020c, p.188). Desse modo, a cega submissão ao líder que pode levar à violência, atende ao imperativo de gozo do supereu.

Freud (1921/2020c) reconhece que uma influência sugestiva pode não ser exercida apenas pelo líder, mas também por cada indivíduo sobre cada indivíduo, numa sugestão recíproca, horizontal, resultante da fusão do Eu com a massa.

Mas o autor considera outras formas de constituição das massas. O líder pode ser substituído por uma ideia condutora e também pelo ódio a um inimigo comum (Freud, 1921/2020c). Segundo o autor, o ódio à determinada pessoa ou instituição pode atuar da mesma maneira unificadora que a afeição positiva e produzir ligações afetivas semelhantes. Ou seja, os membros do grupo se reconhecem entre si pelo afeto de ódio.

Se o Eu se funde com a massa, a agressividade pode ser contida dentro do grupo não só pela idealização e pelo amor que une os seus membros ao líder, mas por ser desviada para fora do grupo, dirigida àqueles que não pertencem a ele. Essas massas se constituem como totalidades identitárias que segregam os seus restos heterogêneos, a quem dirigem todo o ódio.

Em seu *Seminário 17, O avesso da psicanálise* (1969-1970/1992), Lacan aborda o laço social pela via discursiva. Os quatro discursos formalizados por Lacan inscrevem diferentes laços sociais e são marcados pela impossibilidade de apreensão do real que os causa. Os discursos comportam um lugar para o resto de gozo perdido, como "efeitos de rejeição" (Lacan, 1992, p. 47). Assim, todo discurso tem como efeito a segregação. Cada discurso tem sua maneira própria de manifestar e de lidar com esse resto que não anda bem, com esse obstáculo para o laço social. A cultura busca aplacar o mal-estar que é de estrutura, aquilo que resiste ao princípio do prazer, mas há sempre algo que escapa à domesticação.

Os discursos são construções lógicas que revelam momentos de captura da enunciação, e todo sujeito, ao enunciar a partir de um discurso, passa necessariamente pelos quatro. Assim, os discursos não são estanques, mas é possível localizar a predominância de um discurso em determinado contexto histórico e social. Na época freudiana havia uma predominância do discurso do mestre. Com o avanço do capitalismo, Lacan introduziu o discurso do capitalista como variante do discurso do mestre. O discurso do capitalista, considerado a partir de um ponto de vista histórico, resultou numa modificação no estatuto do saber. No discurso do mestre, o saber se constituía como um saber-fazer do escravo, e no discurso do capitalista ele é apropriado pelo mestre, ao qual foi agregado um valor de mercado. Esse "pseudodiscurso" se organiza numa circularidade completa, eliminando a impossibilidade e rejeitando a castração.

O discurso do capitalista amplia e fomenta as práticas de segregação. Em 1967, Lacan já havia projetado o efeito da aliança entre a ciência e o capitalismo sobre o laço social: "Nosso futuro de mercados comuns encontrará seu equilíbrio numa ampliação cada vez mais dura dos processos de segregação" (2003a, p. 263). Para o autor, o campo de concentração nazista seria o precursor do que viria a emergir como consequência do remanejamento dos grupos sociais pela universalização introduzida pela ciência: a ampliação dos processos de segregação. A universalização passa pelas leis do mercado, "por um dever que não o da proliferação dos valores dos ideais, mas um dever real do manejo dos meios econômicos" (Soler, 1998, p. 45).

Em *Televisão* (1973/2003c), ao ser interrogado acerca da previsão que fizera sobre a escalada do racismo, Lacan responde: "No desatino de nosso gozo, só há o Outro para situá-lo, mas na medida em que estamos separados dele" (p. 533). E acrescenta que deixar o outro entregue a seu modo de gozo só seria possível não impondo o nosso, "não o tomando por subdesenvolvido" (p. 533).

A segregação atinge determinados corpos, considerados "subdesenvolvidos", que são afastados do espaço social comum. O conceito de necropolítica permite compreender os espaços de exceção em que o poder se endereça à produção da morte e à destruição progressiva de determinados corpos. Com base nas tecnologias de controle das populações que definem o biopoder, o "deixar morrer" torna-se aceitável para determinados corpos. O corpo "matável" é aquele que está em risco de morte a todo instante devido ao parâmetro definidor primordial da raça (Mbembe, 2018).

A origem da hostilidade dirigida ao estranho está no processo de constituição do sujeito. O semelhante foi, ao mesmo tempo, o primeiro objeto de satisfação, o primeiro objeto hostil, e sua única força auxiliar (Freud, 1921/2020c). Assim, algo na figura do próximo permanece como estranho ao sujeito. *Das Ding* seria essa dimensão irrepresentável, algo "estranho e até mesmo hostil num dado momento, em todo caso como o primeiro exterior, é em torno do que se orienta todo o encaminhamento do sujeito" (Lacan, 1959-1960/1997, p. 67).

Em *A pulsão e seus destinos* (1915/2014), Freud destaca que o ódio é uma paixão primária anterior ao amor, afirmação que retomará em 1921, em *Psicologia das massas* (1921/2020c). Lacan (1953-1954/1993) refere-se ao ódio como uma das paixões do ser, junto ao amor e à ignorância, articulando-a aos três registros da realidade psíquica: real, simbólico e imaginário (RSI). Enquanto o amor está situado na junção entre o simbólico e o imaginário, com o real encoberto; o ódio está na junção entre o real e o imaginário, deixando o simbólico encoberto.

A segregação visa ao gozo, que está na base do ódio. O próximo ocupa o lugar do Outro como detentor de um gozo desconhecido, que pode se tornar um objeto hostil, estranho, remetendo a um real indizível, sendo sua proximidade intolerável. O ódio, enquanto paixão do ser, é ilimitado e quer a destruição do ser do outro. Para Miller (2011a), a segregação é o ódio ao gozo do Outro, à maneira particular com que o Outro goza. Fundamentalmente, o ódio ao gozo do Outro é o ódio ao próprio gozo, à alteridade que nos habita em condição de extimidade.

As condições discursivas de uma época e cultura incidem sobre os aspectos pulsionais, podendo instigar a paixão do ódio ao inimigo.

Em nossa época, a promoção máxima do objeto *a* como mais-de-gozar no zênite social (Lacan, 1970/2003b), fez declinar a função do Ideal do Eu, determinando um funcionamento social regido por promessas de gozo, que rapidamente tomam a forma de um imperativo superegoico (Lima & Nobre, 2023). Ao fazer uma analogia entre o desenvolvimento da cultura e o desenvolvimento do indivíduo, Freud sustenta que "uma comunidade também desenvolve um Supereu" (1930/2020a, p. 399). A cultura pode reforçar a voracidade do Supereu estrutural, impondo o mais-de-gozar. Como ressalta Lacan: "A gulodice pela qual Freud denotou o Supereu é estrutural – não é um efeito da civilização, mas um 'mal-estar na civilização'" (Lacan, 1973/2003c, p. 528).

O imperativo de gozo engendra uma lógica marcada por prescrições dos modos de gozar aliados ao mercado que não passam mais pelos ideais do simbólico, mas pela indução imaginária, uma indução à conformidade imaginária (Soler, 1998). No lugar dos Ideais, surge a fraternidade de gozo, as "superidentidades", massas fundadas na irmandade. A produção das "bolhas de certeza" corresponde a essa inclinação do sujeito a se enganchar num significante mestre qualquer, que pode tomar a forma de um enganche em crenças fanáticas, aberrantes, que supõe um regime do todo (Laurent, 2016).

Diante do declínio da função paterna e da multiplicação de referências identificatórias, ressurge o apelo à autoridade, à ordem, um apelo desesperado ao reino do significante mestre que está ameaçado de desaparecer (Miller, 2011b). Como salienta Miller, o totalitarismo encantou as massas no século XX pela esperança de suprimir a divisão da verdade, de abolir a fratura, de instaurar o reino do Um na política. É o que observamos com a ascensão dos líderes da extrema direita em todo o mundo. Freud mostrou-nos que o poder hipnótico do líder está na fusão entre o objeto e o Ideal do eu. Na atualidade falham as funções atribuídas ao Ideal do eu, e no lugar da identificação simbólica, parcial, surgem as hiperidentidades totalizantes, que rejeitam qualquer diferença, incitadas pelo imperativo de gozar mais, ainda...

A violência da máquina de gozo na constituição das massas

Não é possível analisar a formação das massas hoje sem considerar a sua relação com a máquina digital. As tecnologias digitais introduziram uma nova linguagem, a dos números:

> A rapidez com que essa linguagem se espalhou, bem como a impregnação de seus traços em todos os aspectos socioculturais, nos credenciam a cogitar que um novo *ethos* esteja em vigência na atualidade. Além disso, por sua abrangência, trata-se de um *ethos* que define comportamentos, costumes e atitudes em âmbito global. (Lima & Nobre, 2023, p. 333).

Os padrões desse *ethos* inédito para a experiência humana, por seus visíveis efeitos para o laço social, desembocam numa política. Trata-se de uma nova morada para o sujeito, um novo *habitat* para o exercício de outros modos de estabelecer laço com o semelhante, com esse Outro que nos habita via linguagem. A formação de massas anônimas, perenes e ilimitadas promoveu uma crescente indução imaginária que configurou aspectos da subjetividade a partir de parâmetros que se alimentam do constante estímulo ao fornecimento e ao consumo de informação (Lima & Nobre, 2023).

Todo esse processo é substrato de uma nova ordem econômica, que Shoshana Zuboff (2021) nomeia "capitalismo de vigilância". Perpetrado pelas empresas de tecnologia do Vale do Silício, concentra as informações dos usuários da *web*, portanto, da imensa maioria da sociedade global. A circulação digital da informação veio a se tornar o novo petróleo em termos econômicos (Morozov, 2018). Nesse sentido, a inserção do sujeito e os seus laços nesse *ethos* digital sofre todas as consequências diretas da orientação econômica sobre a dimensão política, como se nota na transposição dos fenômenos de massas para o âmbito da rede virtual (Lima & Nobre, 2023).

O capitalismo de vigilância reivindica algo inédito, fora do mercado, que é a experiência humana privada. Ele utiliza essa experiência, acolhida pelas plataformas, como matéria-prima gratuita para a tradução em dados comportamentais. Alguns desses dados são aplicados para o aprimoramento de produtos e serviços, e o restante é declarado como *superavit* comportamental do proprietário, que alimenta avançados processos de fabricação conhecidos como "inteligência de máquina" (Zuboff, 2021, p. 22) e manufaturado em produtos de predição que antecipam as escolhas futuras de cada indivíduo. Esses produtos são comercializados num novo tipo de mercado para predições comportamentais, os mercados de comportamentos futuros (Lima & Nobre, 2023).

Ou seja, nós oferecemos a matéria-prima: os dados digitais provenientes de nossos hábitos, rotinas, interesses e ações cotidianas — que incluem elementos conscientes e inconscientes —, que são registrados pelo *big data*. Os algoritmos alcançam a dimensão pulsional, o nosso gozo. Se a vida é regida pela compulsão à repetição, o gozo está presente em todas as nossas ações na *web*.

Com recurso ao perfil de consumo via informações capturadas pelos algoritmos — abastecidos de dados pessoais, geográficos, padrões de uso dos aplicativos, dentre outros —, as plataformas passam a circunscrever um ambiente específico para cada um. O mecanismo algorítmico contribui para a seleção e o direcionamento dos conteúdos a serem apresentados aos usuários nos *feed* de notícias das redes sociais e das plataformas de serviços. Operando de forma velada no manejo dos dados de cada usuário da *web* isoladamente, as plataformas manejam seus interesses por meio dos dispositivos das "bolhas digitais" (Lima & Nobre, 2023).

Ao dirigir-se a cada um, o que se visa é a captura dos modos de gozo transformando-os em padrões específicos de consumo, a partir da oferta massiva de informações, imagens e signos, ou seja, de *gadgets* produzidos pela ciência para cada "nicho de consumidores".

As plataformas são planejadas para promover a adição virtual. O design das plataformas é pensado com o objetivo de criar um circuito fechado que tanto alimenta a inclinação individual do usuário para uma fusão com o grupo, quanto reforça a tendência a compartilhar de forma exagerada suas informações pessoais. Uma série de dispositivos é criada para que todos se sintam estimulados a interagir, a postar fotos e outras informações, buscando o reconhecimento social através dos *likes*. As plataformas digitais utilizam desses recursos para manter a coesão da massa (Lima & Nobre, 2023).

Assim, a forma de comando via internet funciona por meio do dispositivo algorítmico, que hoje opera em toda a *web*. Os dispositivos algoritmos passaram a compor um novo modo de governança que orienta ações de indivíduos e grupos no horizonte informacional, com decisivos efeitos sociais, políticos e psíquicos (Lima & Nobre, 2023).

Sendo assim, as massas digitais constituem-se não só espontaneamente, mas também pela ação dos algoritmos, a serviço do bem maior do capital de vigilância. Os indivíduos que interagem nas redes não estão somente entre os seus pares. Eles juntam-se aos mestres da vigilância, aos cientistas de dados, programadores, especialistas em aprendizagem de máquina e profissionais da tecnologia de design mais sofisticados do mundo, a serviço do verdadeiro mestre atual, o mercado informacional (Lima & Nobre, 2023).

Trata-se, fundamentalmente, da apropriação dos elementos psíquicos para a condução de nossas ações futuras, através da manipulação intencional dos desejos humanos por grandes corporações empresariais a partir dessas tecnologias com vistas à ampliação da acumulação de capitais.

O efeito supostamente personalista dos dispositivos digitais, aliado ao excesso de conteúdos e à incapacidade humana de avaliar, julgar e escolher diante desse automatismo acelerado, atuam na delimitação do espaço e das opções de interação. O fluxo permanente de informações sobre um mesmo assunto contribui para consolidar a própria visão de mundo. Na medida em que os filtros agem mecanicamente retirando boa parte do conteúdo contrário, cria-se a sensação de um consenso artificial.

Ao atuar sobre os modos de gozo de cada um, os algoritmos agem reforçando a compulsão à repetição. Mas é preciso considerar que não se trata de antecipar o futuro a partir do presente, mas de agir continuamente para produzir determinado futuro. Trata-se de incitar, de eliciar, de ativar gatilhos, de estimular impulsos para reforçar e confirmar um contexto possível, com fins econômicos ou políticos.

As massas digitais constituem-se como comunidades de gozo, favorecidas pela indução imaginária. Ora, sabemos que o circuito especular está profundamente marcado pela rivalidade. Como foi visto, no nível do sujeito, a agressividade manifesta-se na severidade do supereu. No nível da coletividade, surge a violência dirigida contra o estrangeiro, aquele que possui um modo diferente de gozo.

Alienadas em circuitos fechados de gozo, nesse *ethos* digital algoritmizado, as massas contribuem para ativar a paixão do ódio dirigida a todo modo diferente de gozo. Se Freud analisou as massas constituídas pelo Ideal do Eu, com a ascensão do gozo na cultura atual as massas se constituem menos pelo amor ao líder do que pelo ódio ao inimigo. Há uma estratégia política que utiliza a máquina digital para erigir imaginariamente um líder, cujo discurso passa pela incitação ao gozo de destruição ao inimigo. O ambiente virtual favorece a criação de um inimigo imaginário e de um pseudolíder que busca destruí-lo. Como vimos nos casos da Cambridge Analytica e nas eleições brasileiras em 2018, a criação de um inimigo imaginário é sustentada por teorias conspiratórias, *fake news* e discursos de ódio que identificam o inimigo como uma ameaça à vida social e individual. As plataformas mantêm (e estimulam) os discursos de ódio nas redes sociais, porque eles geram engajamento, mas também por interesses políticos. Assim, há uma violência da máquina algorítmica, silenciosa, que se nutre de outra mais ruidosa, que a própria lógica digital estimula entre os indivíduos da rede.

O espaço virtual contempla os três registros da realidade psíquica: o real das pulsões e dos afetos, o simbólico da linguagem e o imaginário do corpo. O objeto *a*, para além de ser causa de desejo, é um objeto de gozo, sendo, ao mesmo tempo, da ordem do excesso e do resto. O ambiente digital é povoado de imagens, informações e signos, mas é também atravessado por objetos pulsionais, como o olhar e voz, que afetam os corpos. Os efeitos dos objetos pulsionais do olhar e da voz no corpo excedem ao simbólico e ao imaginário, e tocam-nos por serem da ordem do real. No ambiente virtual há uma presentificação desse outro do olhar e da voz que incide sobre o supereu como instância de vigilância e crítica, favorecendo tanto o efeito hipnótico quanto uma paranoização generalizada. O líder virtual faz uso de uma linguagem digital, reduzida a poucas palavras, imagens e signos, mas também dos objetos olhar e voz, através da fala dirigida "a cada um" através dos dispositivos tecnológicos. No estado paranoico, a voz que sonoriza o olhar se torna presente como êxtimo encarnado pelo líder. Nesse sentido, através do olhar e da voz, o líder cativa e fascina, mas também pode ser persecutório. Essa é a política do mais-de-gozar, utilizando a tecnologia de ponta na sociedade escópica (Quinet, 2022).

Diante desse contexto, qual a saída?

A cultura é fundamentada por um pacto discursivo que instaura o laço social a partir da renúncia pulsional. No entanto, apesar de todos os esforços da cultura para dominar a dimensão pulsional, há um resto ineliminável, um obstáculo ao trabalho da cultura, o que torna o mal-estar incontornável. Independentemente das condições sociais de uma cultura, há um núcleo pulsional destrutivo que ameaça o convívio social.

Apesar do caráter estrutural do mal-estar, as condições discursivas de uma época impactam o laço social e incidem sobre a subjetividade. Se o contexto freudiano era marcado pela renúncia pulsional, na atualidade, o discurso capitalista promove o imperativo de gozo, comprometendo o laço social.

A universalização promovida pela aliança entre a tecnociência e o mercado tem produzido um efeito totalitário que amplia as práticas de segregação, restringe as possibilidades de experiência e cerceia as singularidades.

Se o amálgama das massas é o afeto, com o avanço do capitalismo e a ação da máquina digital, as massas enlaçam-se mais pelo ódio ao estrangeiro do que pelo amor ao líder. No lugar da identificação a um traço simbólico, predominam as identificações imaginárias, favorecidas pelo ambiente virtual. O contexto digital favorece a constituição de massas anônimas que, enlaçadas pelo ódio ao diferente, sentem-se incentivadas a liberar o gozo da destruição. Freud mostrou-nos que o poder hipnótico do líder está na fusão entre o objeto e o ideal do Eu. Quando falham as funções atribuídas ao ideal do Eu, o supereu assume o lugar de comando. Assim, há uma substituição do amor da idealização pelo gozo do supereu. O ódio, como paixão do ser, está na junção entre o real e o imaginário, deixando o simbólico encoberto. Ele atesta a presença maciça da pulsão de morte que pode se transformar em ato violento.

A máquina digital atua na promoção de hiperidentidades, sob o *ethos* de gozo estimulado no um a um pela cultura, e ainda, algoritmizado. O funcionamento nesse *ethos* contribui para o desligamento do sujeito em relação às balizas simbólicas, com prejuízo para o laço social e, consequentemente, para a dimensão política.

As massas não mais se orientam por ideais simbólicos, mas por promessas de gozo. Elas surgem como um empuxo ao identitário, como uma oferta de homogeneização do gozo, sustentando a ilusão do Um, que tende a apagar toda singularidade. Mas há uma dimensão singular que escapa a qualquer adestramento. O sintoma psíquico aponta para essa dimensão impossível de domesticar.

Ainda que o algoritmo tenha uma ação sobre o gozo do ser falante, a tradução dos modos de gozo em linguagem binária é sempre falha. A tentativa de se constituir um futuro previsível pela ação dos algoritmos desconsidera o imprevisível. Se o real é sem lei é porque os seus efeitos estão condicionados pela contingência, pelo que se apresenta como variável e imprevisível.

O laço social funda-se a partir de uma perda de gozo. O discurso capitalista rejeita a castração, portanto, não faz laço social. No entanto, Lacan (1971-1972/2011) afirma que a castração fez "sua entrada irruptiva sob a forma do discurso analítico" (p. 88). O discurso analítico dá lugar ao que o discurso capitalista pretende suprimir, a impossibilidade: "no discurso analítico, ao contrário, trata-se de dar plena presença à função do sujeito, invertendo o movimento de redução que habita o discurso lógico, para nos centrarmos perpetuamente no que é falha" (Lacan, 1968-1969/2008, p. 47).

O discurso analítico é uma resposta possível aos discursos universalizantes. A política da psicanálise visa instaurar furos nos discursos totalitários, esburacá-los, apontando as suas inconsistências, favorecendo a constituição de grupos identitários mais porosos, que possam acolher diferenças e estranhamentos, e que permitam deslizamentos, reconfigurações. Para fazer frente à violência da máquina de gozo que visa à sustentação de um Eu sem furo, produzido e fixado no ambiente digital, é preciso convocar a fala que faz emergir os tropeços, os equívocos, as dissonâncias e ressonâncias, as reverberações da pulsão que escapam entre as palavras, dando lugar ao infamiliar que singulariza.

Referências

Ambertín, M. G. (2009). *As vozes do supereu. Na clínica psicanalítica e no mal-estar na civilização.* Cia de Freud.

Freud, S. (1974). Totem e Tabu. (1913). In Freud, S. *Totem e Tabu e outros trabalhos* (Vol. XIII, pp. 13-198) (Jayme Salomão, Trad.). Edição Standard brasileiras das obras completas de Sigmund Freud. Imago.

Freud, S. (2014). As pulsões e seus destinos (1915). In Freud, S. *As pulsões e seus destinos* (pp. 13-72) (Pedro Heliodoro Tavares, Trad.). Autêntica. [Obras incompletas de Sigmund Freud].

Freud, S. (2020a). O mal-estar na cultura (1930). In Freud, S. *Cultura, sociedade, religião: o mal-estar na cultura e outros escritos/Sigmund Freud* (pp. 305-410) (Maria Rita Salzano Moraes, Trad.). Autêntica. [Obras incompletas de Sigmund Freud].

Freud, S. (2020b). Por que a guerra? (1933). In Freud, S. *Cultura, sociedade, religião: o mal-estar na cultura e outros escritos/Sigmund Freud* (pp. 305-410) (Maria Rita Salzano Moraes, Trad.). Autêntica. [Obras incompletas de Sigmund Freud].

Freud, S. (2020c). Psicologia das massas e análise do Eu (1921). In Freud, S. *Cultura, sociedade, religião: o mal-estar na cultura e outros escritos/Sigmund Freud* (pp. 137-232) (Maria Rita Salzano Moraes, Trad.). Autêntica. [Obras incompletas de Sigmund Freud].

Lacan, J. (1993). *O Seminário, livro 1: Os escritos técnicos de Freud (1953-1954).* Texto estabelecido por Jacques-Alain Miller. Jorge Zahar.

Lacan, J. (1999). *O Seminário, livro 5: As formações do inconsciente (1957-1958).* Texto estabelecido por Jacques-Alain Miller. Jorge Zahar.

Lacan, J. (1997). *O Seminário, livro 7: A ética da psicanálise (1959-1960).* Texto estabelecido por Jacques-Alain Miller. Jorge Zahar.

Lacan, J. (1993). *O Seminário, livro 11: Os quatro conceitos fundamentais da psicanálise (1964).* Texto estabelecido por Jacques-Alain Miller. Jorge Zahar.

Lacan, J. (2008). *O Seminário, livro 16: De um Outro ao outro (1968-1969).* Texto estabelecido por Jacques-Alain Miller. Jorge Zahar.

Lacan, J. (1992). *O Seminário, livro 17: O avesso da psicanálise (1969-1970).* Vers. bras. Ary Roitman. Jorge Zahar.

Lacan, J. (1985). *O Seminário, livro 20: mais, ainda (1972-1973).* Texto estabelecido por Jacques-Alain Miller. Jorge Zahar.

Lacan, J. (1998a). A agressividade em psicanálise (1948). In Lacan, Jacques. *Escritos* (pp. 104-126) (Vera Ribeiro, Trad.). Jorge Zahar.

Lacan, J. (1998b). Função e campo da fala e da linguagem (1953). In Lacan, Jacques. *Escritos* (pp. 238-324) (Vera Ribeiro, Trad.). Jorge Zahar.

Lacan, J. (1998c). Introdução ao comentário de Jean Hippolite sobre a "Verneinung" de Freud (1954). In Lacan, Jacques. *Escritos*. Jorge Zahar Editor.

Lacan, J. (2003a). Alocução sobre as psicoses da criança (1967). In Lacan, Jacques. *Outros Escritos* (pp. 361-368) (Vera Ribeiro, Trad.). Jorge Zahar.

Lacan, J. (2003b). Radiofonia (1970). In Lacan, Jacques. *Outros Escritos* (pp. 400-447) (Vera Ribeiro, Trad.). Jorge Zahar.

Lacan, J. (2003c). Televisão (1973). In Lacan, Jacques. *Outros Escritos* (pp. 508-543) (Vera Ribeiro, Trad.). Jorge Zahar.

Lacan, J. (2011). *Estou falando com as paredes*. Jorge Zahar. (Seminário original de 1971-1972).

Laurent, É. (2016). *O avesso da biopolítica. Uma escrita para o gozo.* Contracapa.

Laurent, É. (2018). O traumatismo do final da política das identidades. *Opção Lacaniana online*, nova série, a. 9, (25 e 26). http://www.opcaolacaniana.com.br/pdf/numero_25/O_traumatismo_do_final_da_politica_das_identidades.pdf.

Lima, N. L. & Nobre, M. (2023). Psicologia das massas e Análise do *ethos* digital. *Revista Humanidades e Inovação*, 10(4), 332-347. Psicanálise: atualidades e interfaces. https://revista.unitins.br/index.php/humanidadeseinovacao/article/view/8684.

Mbembe, A. (2018). *Necropolítica: Biopoder, soberania, estado de exceção, política da morte.* n-1 edições.

Miller, J.-A. (2011a). *Extimidad. Los cursos psicoanalíticos de Jacques-Alain-Miller.* Paidós.

Miller, J.-A. (2011b, julho). Intuições Milanesas. *Opção Lacaniana online,* nova série, a. 2, (5). http://www.opcaolacaniana.com.br/pdf/numero_5/Intui%C3%A7%-C3%B5es_milanesas.pdf.

Morozov, E. (2018). *Big tech: A ascensão dos dados e a morte da política.* (Cláudio Marcondes, Trad.). Ubu.

Quinet, A. (2012). *Análise online. Na pandemia e depois.* Atos e Divãs.

Quinet, A. (2022, abril). As massas na era digital: a sociedade escópica e o estado digital. *Revista Trivium,* 14. http://pepsic.bvsalud.org/scielo.php?pid=S2176-48912022000100010&script=sci_arttext.

Soler, C. (1998). Sobre a segregação. In Bentes, L. & Gomes, R. (Orgs.). *O brilho da infelicidade.* Contracapa.

Zuboff, S. (2021). *A era do capitalismo de vigilância: a luta por um futuro humano na nova fronteira do poder* [e-book]. (George Schlesinger, Trad.). Intrínseca.

OS "DIREITOS DO CONSUMIDOR": A INSTRUMENTALIZAÇÃO DA INTOLERÂNCIA COMO MEIO DE "JUSTIÇA" NO DISCURSO DO CAPITALISTA

Allisson Vasconselos

Eu mesmo lançarei sobre ti imundícias,
te tratarei com total ignomínia;
e farei de ti um espetáculo,
um exemplo para todos.
(Bíblia Sagrada, Naum 3:6)

A intolerância é um mal inerente ao *eu* que desponta no encontro do sujeito com o objeto não simbolizado, experimentado por ele como uma ameaça a sua totalidade imaginária. Ela alimenta-se da agressividade, o pendor separativo das pulsões, e orienta-se pelo discurso a que o sujeito adere e que determina sua identificação com outros sujeitos. Trata-se do primeiro indício da individuação humana, do mais originário sentimento de *eu*, consonante ao despertar do sujeito de sua condição de *isso*, isto é, do estado de indiferença (e de indiferenciação) em que ele se encontra sorvido no início da vida anímica. Como enuncia Freud (1933[1932]/2010a), *onde era* isso, *há de ser* eu, o que se realiza como consequência de um gesto de intolerância — um grito — contra a Coisa, que, mesmo intentando a satisfação, é sentida como um objeto hostil, devido à insistência de sua presença (Freud, 1950[1895]/1995).

A psicanálise ensina que o *eu*, desde sua precipitação, é intolerante a tudo que lhe gera desprazer, o que, em seus primórdios, ele concebe como não-*eu*, justamente por assimilar como parte de si as fontes de prazer (Freud, 1915/2010b). No curso das aquisições e concessões psíquicas, sob os auspícios do discurso do mestre cujo protótipo é o modelo familiar triádico ordenado pelo pai, a intolerância do *eu* tem sua energia revertida contra o Outro, o estrangeiro, o não familiar, por efeito da identificação entre aqueles que compartilham uma mesma *filiação* erguendo sobre ela um narcisismo das pequenas diferenças. Ocorre que, assim como Eros, o pendor alienante das pulsões, Tanatos, o pendor separativo delas, exige sua cota de satisfação. Disso deriva o postulado segundo o qual "sempre é possível ligar um grande número de pessoas pelo amor, desde que restem outras para que se exteriorize a agressividade" (Freud, 1930/2010c, pp. 80-81). Nessa colocação que condensa a tese freudiana da intolerância[7], estão implicadas as noções espaciais de *dentro* e *fora*, *interior* e *exterior*, as mesmas com as quais o *eu* opera em sua origem, introjetando o que é, para si, motivo de prazer e projetando o que se torna, em seu interior, causa de desprazer (Freud, 1915/2010b).

Em função da globalização, da revolução tecnológica e dos arranjos espaciotemporais que culminaram na cultura que qualificamos como digital, as fronteiras que separam tais espaços se mostram cada vez menos evidentes e eles, cada vez mais confusos. Esta é razão suficiente para verificar a atualidade do pensamento freudiano sobre a intolerância como destino "civilizado" — se assim pudermos chamar — da agressividade. Em uma época em que os velhos limites perdem sua consistência, a intolerância ainda mira o estrangeiro, preservando o próximo? A propósito, a função que ela cumpre hoje é a mesma de outrora: oferecer satisfação a uma tendência das pulsões? Para refletir a respeito, examinemos um caso de intolerância da época em que as redes sociais virtuais começaram a se popularizar, o qual, apesar de se passar em outro território, não deixa de remeter a algo do nosso, provavelmente devido à inconsistência dos limites na cultura digital que nos define como uma sociedade global.

No fim de 2007, uma mulher de 31 anos chamada Jiang Yan se atirou da varanda de seu apartamento no 24º andar de um edifício em Pequim. Essa não foi a primeira vez que ela tentou cometer suicídio: dois dias antes, ela havia ingerido pílulas para dormir com o mesmo objetivo. Porém, se na primeira tentativa ela não obteve êxito, na segunda ela alcançou seu fim, atingindo o chão com tanta força que o impacto deixou nele uma cratera, ainda visível quando Tom Downey, correspondente do *New York Times*, visitou o local, um ano e meio depois. A motivação de Yan teria sido o *affair* entre o marido, Wang Fei, de 28 anos, e uma jovem de 23 anos, com a qual ele trabalhava. É justo sinalizar, como o fez Downey (2010), que o marido e ela não estavam mais juntos e caminhavam para o divórcio, o

[7] Ainda que não constitua um conceito psicanalítico, a intolerância é um tema que interessa à psicanálise. O emprego dessa palavra nas obras de Freud é escasso, mas o fenômeno que ela designa recebe todo um tratamento desde cedo, em publicações, por exemplo, que tratam da incompatibilidade da vida representacional do sujeito com o *eu*. Na teoria freudiana da civilização, a ideia de intolerância aparece a partir da terceira das *Contribuições à psicologia do amor*, na qual é forjada a noção de *narcisismo das pequenas diferenças*, que se refere ao amor estendido da ortopedia do *eu* ao corpo social cujos membros dividem com o sujeito um mesmo distintivo, o qual os assemelha ao passo que os diferencia de outros, rejeitados como estranhos e hostis (Freud, 1918[1917]/2013). Em uma de suas raras menções, contida em *Psicologia das massas e análise do* eu, a palavra *intolerância* [*Intoleranz*] circunscreve os afetos de aversão e hostilidade sedimentados das relações interpessoais e inibidos nos coletivos humanos (Freud, 1921/2011).

que, mesmo do ponto de vista moral, autorizava-os a estabelecer novos vínculos amorosos.

Yan alimentou, durante os dois meses que antecederam sua morte, um *blog* privado na plataforma digital MSN Spaces. Esse *blog* lhe servia como diário pessoal, no qual ela narrava seu desespero com a separação e sua insatisfação com o marido, que, segundo seu relato, a traía com outra mulher. Intitulado *Ave Migradora Voando para o Norte*, em tradução literal, o *blog* tinha como entrada o seguinte anúncio: "Daqui a dois meses, eu partirei... para um lugar onde ninguém me conhece, que é novo para mim. Lá, não precisarei de telefone, computador ou *internet*. Ninguém poderá me encontrar". As outras postagens seguiam a mesma linha querelante. Mais do que uma reflexão sobre a própria vida, esse registro consistiu, conforme Downey (2010), na contagem regressiva de Yan para o suicídio.

Antes de passar ao ato, Yan tornou seu *blog* público. Sua irmã, Jiang Hong, que tomou conhecimento dele após o episódio, compartilhou-o entre pessoas próximas de Yan, supondo que ela desejava que ele fosse lido. Esse foi o pontapé inicial para a derrocada de Fei à intolerância e aos prejuízos que esta acarreta àqueles contra os quais é dirigida. Alguém que leu o *blog* o repostou no Tianya Club, um dos mais populares fóruns virtuais da China. O tópico que as reunia foi respondido por Hong, que, além de expressar seu pesar pela morte da irmã, descreveu como esta ajudara o marido nos momentos em que ele mais precisou, recebendo dele, em contrapartida, apenas ingratidão. As postagens de Yan somadas a essa resposta mobilizaram os afetos dos usuários daquele fórum, que, indignados, empreenderam uma busca por justiça em nome dela. A justiça deles, no entanto, não era outra senão a caçada de Fei e sua namorada, que tiveram suas vidas expostas não somente na internet, como também na grande mídia chinesa. De acordo com Downey (2010), a repercussão do caso foi tão grande que Fei passou a ser tratado como um dos homens chineses mais infames e abjetos, levando-o a ser atacado por justiceiros *on* e *off-line*. Como consequência da exposição, ele e sua namorada foram destituídos de seus cargos, muito também devido à pressão de internautas que descobriram o contrato que eles tinham com uma agência de publicidade. Tais pessoas ficaram satisfeitas com o resultado de seus esforços, mas permaneceram vigilantes, visando a tornar impossível a vida do casal que, segundo a narrativa viralizada, teria levado Yan a tirar a própria vida.

Tendo em vista que Fei estava separado de Yan, inclusive caminhando para o divórcio, como já destacado, a intolerância dirigida contra ele soa desproporcional, mesmo dentro da rígida moral chinesa. Intrigado com tais acontecimentos, Downey (2010) entrevistou Wang Lixue, moderadora de uma página dedicada a Yan no Baidu, a qual, embora não tenha participado da perseguição a Fei, não a achava injusta, apenas improdutiva. Segundo ela, o que estava em jogo na retaliação àquele homem era não só a compaixão por Yan, mas também o anseio de evitar que experiências como aquela se tornassem corriqueiras: "Quero saber o que vai acontecer se eu me casar e tiver uma experiência parecida", justificou ela. "Quero saber se a lei ou algo assim poderá me proteger e oferecer algum tipo de segurança". O que se buscava, portanto, era a garantia de que o que Yan vivenciou não fosse se repetir com outras pessoas, tornando Fei um exemplo para outros cônjuges com traço semelhante, os quais, dentro dessa lógica que talvez possamos denominar transitivista, seriam potenciais adúlteros.

Os linchamentos virtuais como o sofrido por Fei, tão comuns em nossa época, parecem apontar, além de uma nova direção para a intolerância, para a forma mais primitiva de resolução das diferenças, suplementar à lei natural. O Direito ensina que nesse regime, o da autotutela, não existe terceiro, deixando a solução de litígios a cargo das partes, que, no processo, podem recorrer aos meios que acharem necessários, incluindo a força bruta. É o meio de "justiça" da natureza, em que vitorioso não é necessariamente aquele cujo direito é legítimo, e sim o que sabe utilizar seu poder. Trata-se também do germe da justiça social suposto por Freud (1921/2011), a inveja original e a cobiça entre irmãos, cuja expectativa é a de que se transmute, no processo civilizatório, em consciência social e sentimento de dever. Na contramão da teoria freudiana da civilização, no entanto, tem prevalecido hoje o sentimento hostil.

As teses civilizacionais de Freud reunidas em *O mal-estar na civilização* são, em grande parte, inspiradas no *Leviatã*, obra em que Thomas Hobbes discorre sobre os pressupostos que compõem sua teoria do contrato social. O ponto de partida dele é uma situação concreta, mas hipotética, a qual chama de *estado de natureza*, em que reina "uma guerra de todos os homens contra todos os homens" (p. 109), devido à igualdade natural entre eles quanto às faculdades do corpo e da mente e ao direito, também natural, que lhe é associado. Nas palavras de Hobbes (1651/2003), "desta igualdade quanto à capacidade deriva a igualdade quanto à esperança de atingirmos nossos fins. Portanto, se dois homens desejam a mesma coisa, [...] esforçam-se por se destruir ou subjugar um ao outro" (p. 107).

Desde *Do cidadão*, em que resgata o aforismo plautino *homo homini lupus*[8], Hobbes (1642/2002) considera o homem uma ameaça para outro homem. Para ele, se as duas filhas da guerra — a mentira e a violência — são censuradas na sociedade, é porque existe o costume de uma pessoa mirar na outra a intenção que lhe é própria, de modo que, se nenhuma delas a leva a cabo, é por receio de serem dizimadas por esse impulso compartilhado. A metáfora da qual ele se vale é o espelho: "todas as coisas que estão do lado esquerdo aparecem à direita, e o que estava no lado direito parece figurar à esquerda" (p. 4). Tal transitivismo, no entanto, é insuficiente para restringir o potencial humano de infligir dano ao outro; esse mecanismo, que subjaz à igualdade natural, é inclusive o motor da antecipação, pela qual o homem, tomado pelo sentimento de desconfiança, ataca seu semelhante, outro homem, para não ser atacado. É a lei de natureza que, ao ordenar a todos os homens que procurem a paz, impulsionando, com esse ordenamento, o estabelecimento de um pacto entre eles, condiciona o direito que se mostra um risco à autoconservação devido à igualdade natural de usufruir dele. Nisso reside o germe da justiça, a qual se define por seu negativo, a injustiça, haja vista que, "depois de celebrado um pacto, rompê-lo é *injusto*. E a definição da injustiça não é outra senão *o não-cumprimento de um pacto*. E tudo o que não é injusto é *justo*" (Hobbes, 1651/2003, p. 124, ênfase no original).

O direito que a lei de natureza condiciona é o direito natural, que compreende "a liberdade que cada homem possui de usar seu próprio poder, da maneira que quiser, para a preservação da sua própria natureza, ou seja, da sua vida" (Hobbes, 1651/2003, p. 112). Essa liberdade individual é irrestrita, permitindo ao homem causar, em benefício próprio, prejuízo a outro homem. É por efeito dela, aliás, que "os homens não tiram prazer da companhia uns dos outros", mesmo quando cumprem o pacto firmado entre eles, a não ser quando há "um poder capaz de intimidar a todos" (p. 108). Na presença de um poder assim, os homens que se curvam a ele sofrem um desnivelamento, pelo qual a igualdade natural entre eles é sublimada em igualdade civil e, em consequência disso, seus ânimos são apaziguados. A legitimação desse poder, no entanto, depende da renúncia dos homens à liberdade individual, à qual sucede a transferência das prerrogativas desse direito a um terceiro, que passa a operar como representante e mediador de todos os demais.

[8] Presente na *Asinaria*, tal aforismo recebe a seguinte tradução e continuidade: "O homem é um lobo para o homem, não um homem, *quando não se sabe quem ele é*" (Plauto, [*ca.* 212–207 A.E.C.]/2003, p. 70, ênfase acrescentada). Disso se pode depreender que o saber sobre o outro, isto é, sua simbolização, faz com que este seja encarado pelo *eu* não como uma ameaça, possibilitando o convívio.

O poder comum a que Hobbes (1651/2003) se refere é o poder soberano, poder do Estado, que subordina a lei de natureza, não escrita, à lei civil, cujo registro inclui a atribuição de regras aos súditos. *"A lei civil é para todo súdito constituída por aquelas regras que a república lhe impõe* [...] *para usar como critério de distinção entre o bem e o mal, isto é, do que é contrário à regra"* (p. 226, ênfase no original). Ao subordiná-la, a lei civil não nega a lei de natureza, e sim lhe confere sentido a partir da noção de justiça do Estado.

Assim como Hobbes, Freud (1930/2010c) vê o homem como o lobo de outro homem. Para ele, "o próximo não constitui apenas um possível colaborador e objeto sexual, mas também uma tentação para satisfazer a tendência à agressão" (pp. 76-77). Como afirmara em outro momento (Freud, 1921/2011), é somente nas formações sociais que a intolerância ao próximo desaparece, temporária ou duradouramente, por sua reversão contra o estrangeiro. Nisso reside o problema do narcisismo das pequenas diferenças, pelo qual "justamente as pequeninas diferenças, dentro da semelhança geral [entre os sujeitos], motivam os sentimentos de estranheza e hostilidade entre eles" (Freud, 1918[1917]/2013, p. 374). Esse narcisismo é herdeiro do que Ernest Crawley chamou de tabu de isolamento pessoal (*taboo of personal isolation*), que consiste em uma espécie de proibição inconsciente imposta pelo sujeito aos avanços do outro, sentidos como um risco a sua existência. Crawley (1902) afirma que "todo indivíduo, como tal, está cercado por um tabu de isolamento pessoal; e, para comunicação entre ele e seus companheiros, é, em teoria, necessário um intermediário" (p. 141). É lícito supor que esse intermediário seja algo que gera identificação entre o sujeito e o outro, aquilo que está no horizonte da identidade de cada um deles e que, quando reconhecido como uma marca em comum, tem a capacidade de uni-los.

Ao abordar os tabus relacionados à feminilidade, Freud (1918[1917]/2013) reconhece uma força que impede os homens de amar verdadeiramente as mulheres, levando-os a tratá-las como estranhas e hostis. Essa força não é outra senão o narcisismo, por efeito do qual o sujeito, na mais tenra idade, só é capaz de amar a si mesmo e aquilo que ele julga fazer parte de si. A causa disso seria a idealização do *eu* em sua formação pelos pais, que tendem a atribuir a seus filhos pequenos todas as perfeições e negar-lhes todos os defeitos (Freud, 1914/2010d). O narcisismo das pequenas diferenças é uma extensão desse narcisismo primário vivido pelo sujeito em sua constituição. Nele, o amor do sujeito se dirige não apenas ao *eu*, mas também àquilo que o *difere* como tal e que o *diferencia* do outro, seu distintivo, passível de reconhecimento e partilha, o que, nessa condição, assume o papel de intermediário[9]. Assim, aos que carregam o mesmo distintivo, cabe o amor, enquanto aos que não o têm, resta o ódio.

Também como Hobbes, Freud (1930/2010c) supõe que o sujeito, para ascender à cultura, precisou renunciar à liberdade individual. Seu pressuposto é o de que

> A vida humana em comum se torna possível apenas quando há uma maioria que é mais forte que qualquer indivíduo e se conserva diante de qualquer indivíduo. Então o poder dessa comunidade se estabelece como "Direito", em oposição ao poder do indivíduo, condenado como "força bruta". Tal substituição do poder do indivíduo pelo da comunidade é o passo cultural decisivo. Sua essência está em que os membros da comunidade se limitam quanto às possibilidades de gratificação, ao passo que o indivíduo não conhecia tal limite. Portanto, a exigência cultural seguinte é a da justiça, isto é, a garantia de que a ordem legal que uma vez se colocou não será violada em prol de um indivíduo. [...] O resultado final deve ser um direito para o qual todos — ao menos todos os capazes de viver em comunidade — contribuem com sacrifício de seus instintos, e que não permite — de novo com a mesma exceção — que ninguém se torne vítima da força bruta. (pp. 56-57).

Esse salto da natureza à cultura é, como atesta a psicanálise, reencenado na constituição do sujeito, cena da qual participam a criança (o sujeito em devir), a mãe (a metáfora materna) e o pai (a metáfora paterna). Nessa cena, o que está em jogo é a transmissão da Lei, cuja função é assegurar a autoconservação mediante o domínio do princípio de prazer pelo princípio de realidade, o qual adia a gratificação na busca por fontes de prazer mais seguras, mas sem deixar de fornecê-la. Esse adiamento só é possível em nome do temor à Lei subordinado ao amor da mãe, a qual prepara o terreno para o pai, o "legislador", cuja incidência inaugura o complexo de Édipo. Pellegrino (1983/2017) explica que o propósito da Lei é interditar o incesto, o qual devemos entender não só como o mero desejo da criança pela mãe, e vice-versa, que faz com que ela rivalize com o pai, mas também como o gozo além do princípio do prazer, sem nada que lhe imponha obstáculo. Ao

[9] Lacan ([1961–1962]/2003a) associa as pequenas diferenças ao traço unário, o primeiro dos significantes, que é justamente o que *intermedia* a identificação entre o sujeito e o outro, tida como uma identificação de significante. Enquanto marca da diferença, o traço exerce uma função menos unificadora do que distintiva — é o que produz identidade na interação de um par, como o *eu* e o outro. Entretanto, enquanto ideal do *eu*, ele pode se harmonizar com a tendência imaginária do próprio *eu* de formar uma unidade e, nessa condição, acomodar todo o propósito narcísico.

consentir com a Lei, o sujeito recebe a promessa de uma satisfação menos degradante, integrada ao circuito das trocas sociais, da qual se subentende um pacto, o pacto sexual, do qual inclusive depende o pacto social, firmado *a posteriori*, e o qual só se sustenta se esse último também for respeitado.

Não há dúvida de que a noção de civilidade de Freud está assentada no modelo do *Leviatã*. Sua fórmula geral para o processo civilizatório, correlativa à descrição de Hobbes da estruturação do Estado de soberania, é aquela apresentada em *Psicologia das massas e análise do* eu, segundo a qual *"uma quantidade de indivíduos [...] puseram um único objeto no lugar de seu ideal do Eu e, em consequência, identificaram-se uns com os outros em seu Eu"* (Freud, 1921/2011, p. 76, ênfase no original). A consequência disso é a insuficiência de sua teoria da civilização à análise das sociedades modernas e de seus fenômenos, dentre eles as vicissitudes da intolerância, tendo em vista que, desde o início da modernidade, o laço social tem sofrido toda sorte de mutações, não mantendo o poder concentrado na figura de um terceiro em posição vertical.

Freud mesmo viveu em uma época em que a sociedade passava por mudanças significativas em sua estrutura, das quais, inclusive, ele não estava desavisado, como se comprova por suas objeções, contidas em *Moral sexual "cultural" e nervosismo moderno*, a autores como Wilhelm Erb e Otto Ludwig Binswanger, que tratam dos impactos políticos e sociais do progresso e seu nexo com a neurose (Freud, 1908/2015). Contudo, ao abordar a sociedade de sua época, ele insistiu na ideia de que a repressão existe apenas em função das exigências do processo civilizatório, ignorando determinantes econômicos que tanto a garantem quanto a intensificam (Pellegrino, 1983/2017). Causa espécie Freud ter atribuído um ponto de vista econômico à investigação do psiquismo (Freud, 1915/2010e), mas não ter considerado a modulação da economia psíquica pelo sistema econômico vigente, haja vista que ele mesmo entrelaçara sujeito e sociedade como correlatos um do outro (Freud, 1921/2011).

Para analisar as sociedades modernas e seus fenômenos, é preciso, como sugere Foucault ([1975–1976]/1999), desvencilhar-se do modelo do *Leviatã*, não porque este foi superado, mas porque a ele foram justapostas outras formas de poder, as quais, mesmo apresentando mecânicas diferentes, parecem intensificar o domínio antes exercido pelo soberano, dissolvendo-o em dispositivos que agora o dissimulam ao capilarizá-lo no cotidiano. É dessa forma que interpretamos o que Lacan ([1959–1960]/1988) situa como o *declínio radical da função do mestre* em um período que coincide com o da consolidação da sociedade disciplinar. Se a função do mestre declina radicalmente no século XIX — e, por declínio, referimo-nos a sua horizontalização —, é devido à premência do mestre moderno, o capitalista, cujo domínio, se assim pudermos transpor, se exerce menos sobre o território e mais sobre os corpos e as mentes, agenciando-os, sem que percebam, no cumprimento de seu desígnio: o da acumulação do capital. Como avaliou Lacan ([1969–1970]/1992),

> Alguma coisa mudou no discurso do mestre a partir de certo momento da história. [...] a partir de certo dia, o mais-de-gozar se conta, se contabiliza, se totaliza. Aí começa o que se chama de acumulação de capital. [...] O que há de chocante, e que não parece ser visto, é que a partir daquele momento o significante-mestre, por terem sido dissipadas as nuvens da impotência, aparece como mais inatacável, justamente na sua impossibilidade. Onde está ele? Como nomeá-lo? Como discerni-lo, a não ser, evidentemente, por seus efeitos mortíferos? (p. 169).

Na sociedade disciplinar, cuja mecânica de poder visa à normatização dos corpos, prevalece um cálculo utilitarista que podemos traduzir, em termos lacanianos, como o "poderio uniformizador de uma certa lei de igualdade, a que se formula na noção de vontade geral" (Lacan, 1959-1960/1988, p. 239). Esse cálculo implica uma sujeição ainda mais radical ao poder comum, o qual não mais se transmite como lei, e sim como norma, uma espécie de métrica social. Diferentemente da soberania, em que a intolerância é voltada para o excedente do discurso, na disciplina é contra os "erros de cálculo", contra os desvios dos modos de gozo *normais*, padrões e universais — os quais aparecem antes nos semelhantes do que nos estranhos —, que ela é dirigida. A roupagem que assume é a da segregação, manifesta desde os grandes meios de confinamento até os campos de concentração. Como antecipa Lacan (1967/2010), "os progressos da civilização universal vão se traduzir, não apenas em um certo mal-estar como o senhor Freud já havia percebido, mas em uma prática que [...] vai se tornar cada vez mais extensa [...]: a segregação" (p. 67). A segregação, diferentemente da hostilidade derivada do narcisismo, não se deve a nenhum *intermediário* simbólico, e sim ao que resta de qualquer simbolização, isto é, o real que irrompe como Outro gozo, um gozo radicalmente diferente, que não se conta, não se contabiliza e não se totaliza.

Lacan (1968[1967]/2003b) previu que "nosso futuro de mercados comuns" encontraria "seu equilíbrio numa ampliação cada vez mais dura dos processos de segregação" (p. 263). Ele o fez após avaliar que a fonte do horror avistado nos campos de concentração é o remanejamento dos grupos sociais pela ciência e a universalização que esta introduziu neles. É possível deduzir que o que está em jogo nesse enunciado é a colonização do gozo por um sistema simbólico — o discurso da ciência alinhada ao capital —, de modo que aquilo que lhe escapa se torna suscetível a uma violência cujos precedentes são as experiências nazistas. Tal raciocínio adquire suporte na *Alocução sobre as psicoses da criança*, em que Lacan (1968[1967]/2003c) imputa a segregação justamente ao progresso científico. Seu argumento se baseia na observação de que a ciência moderna age objetalizando o sujeito, prescrevendo para ele modos de gozo de maneira dissimulada, sob o pretexto da liberdade. A consequência disso seria o declínio da vida à condição da infância, em que não há "gente grande"[10]. Nessa condição, não existe autonomia, mas, sim, dependência do Outro; também não existe diferença, pois se recusa a percepção do sexo oposto. É essa condição generalizada de criança que "assinala a entrada de um mundo inteiro no caminho da segregação" (p. 367).

A sociedade de controle, consecutiva à sociedade disciplinar, potencializa a condição generalizada de criança, coincidindo-se, temporal e qualitativamente, com a estrutura prevista por Lacan (1970/2003d) como aquela na qual o gozo ascenderia ao zênite social. Ao operar por máquinas de informática que interferem na subjetividade e encontrar no *marketing* seu instrumento de controle social, a sociedade de controle forma pessoas cada vez mais imprudentes (Deleuze, 1990/1992), imprudência esta que pode ser entendida como a predominância do princípio de prazer no psiquismo, em detrimento do princípio de realidade, que passa a exigir a satisfação imediata de "desejos" sugestionados pelo *marketing*.

Ocorre que, na segunda metade do século XX, o capitalismo mudou sua ênfase da produção para o produto. A partir de então, ele "não compra mais matéria-prima e já não vende produtos acabados [...]. O que ele quer vender são serviços, e o que quer comprar são ações. [...] Por isso ele é essencialmente dispersivo, e a fábrica cedeu lugar à empresa" (Deleuze, 1990/1992, pp. 223-224). Em um sentido mais amplo, a empresa capitalística

[10] É digno de nota que, dez anos antes, Hannah Arendt publicara um artigo sobre uma das crises decorrentes do declínio da autoridade no qual assevera que, de uma sociedade formada exclusivamente por crianças, só se pode esperar o pior, pois, livre da autoridade dos adultos, a criança não se emancipa, mas fica à mercê de "uma autoridade muito mais terrível e verdadeiramente tirânica, que é a tirania da maioria" (Arendt, 1957/2011, p. 230). A tirania da maioria pressupõe uniformidade dos sujeitos, e essa uniformidade se estende ao gozo; portanto, se a condição de criança se generaliza, é a essa autoridade que se serve, levando a cabo sua predisposição polimorficamente perversa.

nada mais é do que cada sujeito, haja vista que mercado, ao fazer do *eu* um *eu* ideal — a criança do narcisismo primário —, não só o torna empreendedor de si, como faz dele seu *locus* privilegiado.

É sabido que os ambientes digitais permitiram ao mercado conhecer seu público com antecedência, dando-lhe a possibilidade de adaptar sua oferta conforme os interesses de cada sujeito. A substituição do consumo de massa pelo consumo personalizado garantiu a ele uma sobrevida, mas não sem comprometer a civilização, que passou a ser desinvestida. Ocorre que a personalização do consumo conduz o sujeito ao autoerotismo, uma espécie de fechamento narcísico, tornando desinteressantes justamente as questões de *interesse* público, esvaziando, pois, a arena política. É nesse sentido que Lipovetsky (2005) sentencia a queda do *homo politicus* e a ascensão do *homo psychologicus*. Ele alega que "hoje em dia vivemos para nós mesmos, sem nos preocuparmos com as nossas tradições e com a nossa posteridade: o sentido histórico foi abandonado, da mesma maneira que os valores e as instituições sociais" (p. 33).

O desinvestimento na cultura tem como consequência o desprestígio do Outro, o terceiro, a autoridade, que deixa de ser um modelo para o sujeito, já que este passa a realizar suas escolhas inspirado em si mesmo (Lebrun, 2008). É por isso que Lipovetsky (2005) afirma que o homem contemporâneo conheceu de uma só vez a revolução tecnológica e a *revolução interior*, a qual consiste em "[...] um entusiasmo sem precedente pelo conhecimento e realização de si mesmo, como demonstra a proliferação de organismos psi, técnicas de expressão e de comunicação, meditação e ginásticas orientais" (p. 35). A revolução interior canaliza os afetos para o *eu*, que é promovido à condição de ideal, destituindo o Outro desse lugar.

A mudança de ênfase do capitalismo, somada à destituição do Outro pelo superinvestimento no *eu*, inaugurou uma nova economia psíquica que não mais se baseia no adiamento da satisfação, e sim em sua instantaneidade. Lebrun (2008) explica que esse regime "privilegia uma relação de imediatismo, o que hoje se chama uma relação de adição ao objeto, o qual não só é mantido pela publicidade, mas às vezes é até literalmente inventado por ela" (p. 220). Essa relação de adição é favorecida pelo capitalismo, cuja função é conceber, produzir e distribuir prazer, satisfação e encantamento a partir da capitalização dos interesses individuais e subjetivos (Lipovetsky & Serroy, 2013). O que ele concebe, produz e distribui, no entanto, são promessas, ilusões e suposições em forma de um objeto personalizado, o qual, ao aterrar o sujeito no imaginário, impede que ele ascenda a seu desejo, fazendo de seu gozo a única meta.

Dessa conjuntura procede a descrição do discurso do capitalista como "loucamente astuto, mas condenado à destruição" (Lacan, 1972/1978). A destruição não é outra senão a do laço social em seus moldes clássicos, que remontam à passagem da barbárie à civilização. Conforme Lacan (1968[1967]/2003c), "os homens estão enveredando por uma época que chamamos planetária, na qual se informarão por algo que surge da destruição de uma antiga ordem social" (pp. 360-361). "O fator de que se trata é o problema mais intenso de nossa época, na medida em que ela foi a primeira a sentir o novo questionamento de todas as estruturas sociais pelo progresso da ciência" (p. 360). Temos aí "a segregação trazida à ordem do dia por uma subversão sem precedentes" (p. 361), subversão que podemos entender como a da lógica da tolerância pela do acordo, que, devido à impossibilidade estrutural de ser cumprida, leva à fragmentação do corpo social em comunidades de gozo (Palao Errando, 2013). Essas comunidades acomodam outro dos aspectos das sociedades de controle: a da explosão dos guetos e favelas pela dissipação das fronteiras (Deleuze, 1990/1992). Tais zonas periféricas consistem em nichos formados justamente pela intensificação da segregação, nichos os quais respondem ao *modus operandi* do capital: o de dividir para conquistar.

Não havendo, portanto, terceiro, por efeito da crise civilizacional que implica a crise da autoridade, ocorre "a implantação progressiva e dispersa de um novo regime de dominação" (Deleuze, 1990/1992, p. 225), o qual faz do sujeito, em um só tempo, soberano e súdito, senhor (de si) e escravo (do capital). É nesse contexto que assistimos aos linchamentos virtuais, em que o sujeito, incentivado à própria soberania pelo mercado e desassistido pelo que lhe assegurava, instrumentaliza sua intolerância como meio de "justiça", agindo até mesmo por antecipação, prevenindo-se contra os agravos a seu *eu*. Essa justiça tem como medida apenas ele mesmo, de modo que, basta a mínima fuga da medida do *eu*, para que algo seja delatado. Esta talvez seja a consequência da universalização, mesmo a mais intensa, que toma o *eu* como parâmetro: a conversão do outro em objeto, não no sentido que lhe confere a psicanálise, como o alvo do investimento pulsional do sujeito, mas como uma mercadoria, um produto do discurso do capitalista. A exposição desse "produto" nas prateleiras digitais facilita sua fiscalização, cujo objetivo não é outro senão garantir os "direitos do consumidor". Nas vitrines digitais, formadas por mercadorias vivas, por identidades cujo caráter é antecipado, transparência é essencial para que não haja erro quanto à procedência e à qualidade do produto.

Os julgamentos que se formam nas redes sociais virtuais parecem funcionar justamente segundo os princípios do consumo. Os usuários dessas redes buscam, através de *hashtags* que cerceiam o Outro, deliberar sobre o que fazer com seu gozo, quando inesperado e fora da métrica. O modo como o gozo alheio é tratado segue a lógica do "conserta ou joga fora", com que lidamos com os produtos. Os pequenos desvios são, para o *eu*, motivo mais do que suficiente para que se erga virtualmente algo similar a um tribunal de pequenas causas, no qual se busca soluções para os problemas decorrentes das relações de consumo. O que está em questão nesse tribunal é o que há de não especulável, não universalizável e, nesse seguimento, não colonizável, expelido como o que causa desprazer ao *eu* em sua formação.

Referências

Arendt, H. (2011). A crise na educação. In H. Arendt. *Entre o passado e o futuro* (7a ed., pp. 221-247) (M. W. Barbosa, Trad.). Perspectiva. (Trabalho original publicado em 1957).

Bíblia Sagrada: King James Atualizada (Sociedade Bíblica Ibero-Americana & Abba Press, Eds. & Trads.). (2021). Casa Publicadora Paulista. (Trabalho original publicado em 1611).

Crawley, E. (1902). *The mystic rose: a study of primitive marriage*. Macmillan.

Deleuze, G. (1992). *Post-scriptum* sobre as sociedades de controle. In G. Deleuze. *Conversações* (pp. 219-226) (P. P. Pelbart, Trad.). Editora 34. (Trabalho original publicado em 1990).

Downey, T. (2010). China's cyberposse. *The New York Times Magazine*. https://www.nytimes.com/2010/03/07/magazine/07Human-t.html.

Foucault, M. (1999). *Em defesa da sociedade* (M. Bertani & A. Fontana, Eds.) (M. E. Galvão, Trad.). Martins Fontes. (Trabalho original produzido entre 1975 e 1976).

Freud, S. (1995). *Projeto de uma psicologia* (O. F. Gabbi Júnior, Ed. & Trad.). Imago. (Trabalho original produzido em 1895 e publicado em 1950).

Freud, S. (2010a). Novas conferências introdutórias à psicanálise. In P. C. Souza (Ed. & Trad.). *Obras completas de Sigmund Freud* (Vol. 18, pp. 123-354). Companhia das Letras. (Trabalho original produzido em 1932 e publicado em 1933).

Freud, S. (2010b). Os instintos e seus destinos. In P. C. Souza (Ed. & Trad.). *Obras completas de Sigmund Freud* (Vol. 12, pp. 99-150). Companhia das Letras. (Trabalho original publicado em 1915).

Freud, S. (2010c). O mal-estar na civilização. In P. C. Souza (Ed. & Trad.). *Obras completas de Sigmund Freud* (Vol. 18, pp. 13-122). Companhia das Letras. (Trabalho original publicado em 1930).

Freud, S. (2010d). Introdução ao narcisismo. In P. C. Souza (Ed. & Trad.). *Obras completas de Sigmund Freud* (Vol. 12, pp. 13-50). Companhia das Letras. (Trabalho original publicado em 1914).

Freud, S. (2010e). O inconsciente. In P. C. Souza (Ed. & Trad.). *Obras completas de Sigmund Freud* (Vol. 12, pp. 51-81). Companhia das Letras. (Trabalho original publicado em 1915).

Freud, S. (2011). Psicologia das massas e análise do Eu. In P. C. Souza (Ed. & Trad.). *Obras completas de Sigmund Freud* (Vol. 15, pp. 13-113). Companhia das Letras. (Trabalho original publicado em 1921).

Freud, S. (2013). O tabu da virgindade (Contribuições à psicologia do amor III). In P. C. Souza (Ed. & Trad.). *Obras completas de Sigmund Freud* (Vol. 9, pp. 364-387). Companhia das Letras. (Trabalho original publicado em 1917).

Freud, S. (2015). Moral sexual "cultural" e nervosismo moderno. In P. C. Souza (Ed. & Trad.). *Obras completas de Sigmund Freud* (Vol. 8, pp. 359-389). Companhia das Letras. (Trabalho original publicado em 1908).

Hobbes, T. (2002). *Do cidadão* (R. J. Ribeiro, Ed. & Trad., 3ª ed.). Martins Fontes. (Trabalho original publicado em 1642).

Hobbes, T. (2003). *Leviatã* ou *Matéria, forma e poder de uma república eclesiástica e civil* (R. Tuck, Ed., J. P. Monteiro & M. B. N. Silva, Trads.). Martins Fontes. (Trabalho original publicado em 1651).

Lacan, J. (1978). Du discours psychanalytique. In L. Boni & S. Loaldi (Eds.). *Lacan in Italia, Lacan en Italie* (pp. 32-55). La Salamandra. (Trabalho original produzido em 1972).

Lacan, J. (1988). *O seminário: Liv. 7. A ética da psicanálise* (J.-A. Miller, Ed., & A. Quinet, Trad.). Zahar. (Trabalho original produzido entre 1959 e 1960).

Lacan, J. (1988). *O seminário: Liv. 11. Os quatro conceitos fundamentais da psicanálise* (J.-A. Miller, Ed., & M. D. Magno, Trad., 3ª ed.). Zahar. (Trabalho original produzido em 1964).

Lacan, J. (1992). *O seminário: Liv. 17. O avesso da psicanálise* (J.-A. Miller, Ed., & A. Roitman, Trad.). Zahar. (Trabalho original produzido entre 1969 e 1970).

Lacan, J. (2003a). *A identificação* (L. P. Fonsêca, Ed., I. Corrêa & M. Bagno, Trads.). Centro de Estudos Freudianos do Recife. (Trabalho original produzido entre 1961 e 1962).

Lacan, J. (2003b). Proposição de 9 de outubro de 1967 sobre o psicanalista da Escola. In J.-A. Miller (Ed.). *Outros escritos* (pp. 248-264) (V. Ribeiro, Trad.). Zahar. (Trabalho original produzido em 1967 e publicado em 1968).

Lacan, J. (2003c). Alocução sobre as psicoses da criança. In J.-A. Miller (Ed.). *Outros escritos* (pp. 359-368) (V. Ribeiro, Trad.). Zahar. (Trabalho original produzido em 1967 e publicado em 1968).

Lacan, J. (2003d). Radiofonia. In J.-A. Miller (Ed.). *Outros escritos* (pp. 400-447) (V. Ribeiro, Trad.). Zahar. (Trabalho original publicado em 1970).

Lacan, J. (2005). *O seminário: Liv. 10. A angústia* (J.-A. Miller, Ed., & V. Ribeiro, Trad.). Zahar. (Trabalho original produzido entre 1962 e 1963).

Lacan, J. (2010). *Petit discours aux psychiatres de Sainte Anne*. Psychasoc: Institut Européen Psychanalyse et Travail Social. http://www.psychasoc.com/Textes/Petit-discours-aux-psychiatres-de-Sainte-Anne (Travail original produit en 1967).

Lebrun, J.-P. (2008). *A perversão comum: viver juntos sem outro.* (P. Abreu, Trad.). Companhia de Freud.

Lipovetsky, G. (2005). *A era do vazio: ensaios sobre o individualismo contemporâneo* (T. M. Deutsch, Trad.). Manole.

Lipovetsky, G., & Serroy, J. (2013). *L'esthétisation du monde: vivre à l'âge du capitalisme artiste*. Gallimard.

Palao Errando, J. A. (2013). Comunidades de goce: 25 tesis para comenzar a pensar la tarea del psicoanálisis en el campo de la política. In J. A. Palao Errando (Ed.).

Política ◊ psicoanálisis: cinco textos para inventar un vínculo (pp. 49-71). Shangrila Textos Aparte.

Pellegrino, H. (2017). Pacto edípico e pacto social: da gramática do desejo à sem-vergonhice brasílica. In T. Rivera, L. A. M. Celes, & E. L. A. Sousa (Eds.). *Psicanálise* (pp. 27-36). Funarte. (Trabalho original publicado em 1983).

Plauto. (2003). *A comédia dos burros* (A. P. Couto, Ed. & Trad.). Edições 70. (Trabalho original produzido por volta de 212–207 A.E.C.).

Seção 2

O SOFRIMENTO ADVINDO DA PRECARIEDADE E FALÊNCIA DO CORPO

TRANS-FORMAÇÕES DO LAÇO E DO CORPO NA ERA DOS CONDOMÍNIOS DIGITAIS: PARADIGMAS E CONTRADIÇÕES EM UM MUNDO ALGORITMIZADO

Sam Alcântara

Ao refletir sobre a contemporaneidade, encontramos toda sorte de dificuldades, com uma profusão de mudanças em velocidade ainda não experimentada. Estamos na aurora de um novo tempo? Se a resposta for sim, quais os marcadores deste? Caso optemos pelo não, como situar a terceira década do século XXI?

A lista de acontecimentos paradigmáticos impressiona: estamos saindo da pandemia de covid-19 — uma das maiores crises globais da história —, atravessando mudanças geopolíticas radicais, tais como as impetradas pela invasão do território ucraniano pela Rússia, o atentado infligido a Israel pelo Hamas, as crises humanitárias na Armênia e Palestina, os conflitos que se arrastam pela África e os subsequentes golpes de Estado que se instalaram na região do Sahel, as tensões entre Norte e Sul global, revoluções econômicas e tecnológicas, assim como os já sentidos efeitos das mudanças climáticas. Antigos e novos atores no xadrez geopolítico dão o tom de instabilidade que, desde o final da Guerra Fria, não experimentávamos. Disputas entre atores como China, EUA, União Europeia, Rússia, Índia, Brasil, países árabes e União Africana temperam o grau de incerteza sobre o futuro do nosso planeta.

"O que é o contemporâneo?", pergunta Agamben (2009), o que responde dizendo que a contemporaneidade é uma relação muito particular com o tempo, a partir de um movimento de aproximação e afastamento. Logo, não podem ser consideradas contemporâneas aquelas pessoas que, por estarem completamente imersas no próprio tempo, não conseguem vê-lo.

A nós, psicanalistas, cabe a árdua tarefa de estarmos à altura de nosso tempo. Mas o paradoxo se instala: ao estarmos próximos demais dos acontecimentos contemporâneos, quais as consequências para nossa miopia analítica? O desafio de escrever sobre o contemporâneo é escrever um texto depressa demais, e, quando isso ocorre, erros persistem, como adverte Lacan (1972/2012), ao dizer que escreveu rápido demais seus *Escritos*: "um texto, como indica o nome, só pode ser tecido em se dando nós. Quando damos nós, há alguma coisa que sobra e fica pendurada" (p. 164). Mas, afinal, os não-tolos erram, dizia ele, e daí vêm o trabalho e a insistência.

Portanto, este texto, escrito depressa demais, trata, além das transformações citadas e pelas quais somos atravessadas constantemente pelos diversos veículos de informação, de algumas revoluções menos barulhentas que estão alterando a forma com que antigos paradigmas interagem com a realidade dos laços que compõem o social e, logo, de seus impactos na percepção e construção do corpo, por consequência do sexo e do gênero. Freud, ao abordar a questão da dificuldade afetiva na psicanálise, aponta três grandes desilusões sofridas pela humanidade ao longo da sua história. Dizia que a psicanálise se colocava em série com a revolução de Copérnico e de Darwin, introduzindo uma terceira revolução, que chamou de terceira ferida narcísica da humanidade. Afinal, com a descoberta do inconsciente, Freud mostra-nos que não somos nem mesmo o centro de nós mesmos. Mais de 80 anos depois de Freud e 40 depois de Lacan, a ideia de que não somos senhores em nossa própria morada se vê tensionada com três outras revoluções, cuja extensão e impacto ainda estamos apreciando: a revolução do desejo, a revolução interna ao capitalismo e a revolução digital (Dunker, 2017).

Quais seriam os processos históricos que articulam as transformações culturais e políticas contemporâneas entre essas três revoluções? Quais seus impactos na forma como os laços sociais se organizam e influenciam a corporeidade na contemporaneidade? Essas são algumas perguntas que norteiam as reflexões aqui tensionadas, sem a pretensão de esgotá-las.

Transformações e paradigmas de um mundo em transição

Em novembro de 2019, o filósofo *queer* Paul B. Preciado, em intervenção para mais de três mil psicanalistas na *École de la Cause Freudienne*, afirmou que a atual epistemologia da diferença sexual está em mutação. Para Preciado (2020), a mutação que fundaria a revolução do desejo data de meados de 1950 com a publicação dos estudos de John Money sobre a intersexualidade. O que estaria em jogo nessa revolução é a redefinição de papéis em modalidades completamente novas de sexualidade, de família, de criação de filhos, de ordenamento social e de transmissão cultural de ideias. Romperia com as bases epistêmicas que sustentam o laço social no enquadre hegemônico e estrutural, confundido por muitos como universal, enquadre este que concerne à figura eurocolonial do homem, branco, cis, hétero, rico, atlético, dentre outros predicados que compõem a fantasia de um Eu ideal que foi e é tratado — inclusive por alguns psicanalistas — como a-histórico.

Já a revolução interna ao capitalismo, em sua virada neoliberal (Safatle, Silva Junior & Dunker, 2021), instalou, a partir de 1970, uma nova maneira de produzir e de se vincular ao trabalho, organizando o processo de formatação de subjetividades estruturado como uma empresa. Segundo Safatle, Silva Junior e Dunker (2021), o sofrimento torna-se, então, parte do capital, sendo administrado por técnicas de gestão e individualização, cada vez mais atentas ao modo como o sofrimento otimiza a produtividade. A exacerbação dessa revolução está, atualmente, atravessando o estágio que Shoshana Zuboff (2021) chama de "era do capitalismo de vigilância".

Para Zuboff, as mutações do capitalismo na contemporaneidade passam por novos direcionamentos do capital em um mundo que se encaminha para um futuro demarcado por relações sociotécnicas em ambientes digitais, cujas consequências afetam as relações no próprio mundo digital e se estendem por toda realidade material.

Por fim, tal ensejo tem como instrumento a referida terceira revolução, a digital. Esta introduziu, desde 1989, com a criação da *www* por Tim Berners-Lee, especialmente aos nascidos com a popularização da internet em 1995, uma nova linguagem. Não apenas uma linguagem relacionada aos códigos de programação com consequências macroeconômicas, mas relacionada à maneira particular com que passamos a escrever mais do que falar, a modular e construir padrões de imagem como se fôssemos personagens alterando a percepção de si e os limites de como se pensa o corpo, e a acelerar nossos padrões de resposta e antecipação imaginária de sentido, na relação direta da redução do tamanho do mundo e expansão proporcional do tamanho do Eu. As técnicas de modulação da realidade e de controle das relações passam a ser mediadas por algoritmos, que, rapidamente, incorporam nossa forma de amar, transar, trabalhar, sofrer, desejar etc.

Portanto, estamos ainda no começo da apreciação do impacto dessas revoluções nos modos de produção de sujeitos e suas correlatas modalidades de patologias, estratégias de tratamento e mitigação do sofrimento. Preciado (2020) provoca-nos a escolher, como psicanalistas, se continuaremos trabalhando com a epistemologia antiga, a qual denuncia ser produtora de violências, ou se nos abriremos a um processo de crítica e desnaturalização de nossos discursos e práticas, que já seriam insuficientes na atualidade.

A psicanálise é afetada nessas três revoluções e vem se transformando conforme a recepção, mais crítica, delas sobre sua teoria, sobre seu método de investigação e sobre seu método de tratamento — enfim, sobre a estruturação clínica, política e institucional na contemporaneidade.

Em busca da tecnificação do mal-estar

Isso que chamamos de processo civilizatório, como nos lembra Freud (1930/2020), é muito difícil para nós. Em meio a muitas dores, decepções e tarefas insolúveis, Freud destaca três fontes primárias de sofrimento, a saber: (1) as forças incontroláveis da natureza; (2) a finitude de nossos corpos; e (3) a fragilidade das regras que regulam as relações humanas. Ao mesmo tempo, apresenta três recursos paliativos que não podemos dispensar diante do sofrimento: "distrações poderosas, que nos permitem menosprezar a nossa miséria, satisfações substitutivas, que a amenizam, e substâncias entorpecentes, que nos tornam insensíveis a ela" (p. 319).

Ao afirmar que o principal e primevo objetivo da cultura é nos proteger perante as forças da natureza, Freud destaca que um dos métodos que tende a evitar o desprazer proveniente das forças naturais, sejam humanas, sejam da natureza, vem da técnica oriunda da ciência. Esta desenvolve aparatos técnicos na busca de submeter a natureza à vontade humana. Porém o processo civilizatório produz efeitos e cobra seu preço. A experiência catastrófica da pandemia de covid-19 serve de argumento, afinal, sentimos exatamente como as forças da natureza são potentes, incontroláveis e imprevisíveis. Por mais que a tecnologia tenha avançado, ficamos completamente impotentes diante do surgimento de um vírus que se alastrou de forma nunca vista, paradoxalmente como consequência do nosso avanço técnico de integração global.

Freud (1930/2020) parece antever alguns dos diagnósticos de nosso tempo, a partir das possíveis consequências dos inimagináveis avanços da ciência e da técnica. Afinal, o ser humano torna-se "uma espécie de deus-protético" (p. 340). Entretanto Freud foi sempre taxativo ao afirmar que tais avanços não necessariamente tornariam o homem mais feliz. Ou seja, a relação do homem com a tecnologia no processo civilizatório produz um embaraço ao qual devemos nos manter atentos. A entrada do homem na cultura produz como resultado dessa operação sempre um resto como marca da angústia e seu correlato motriz de desejo, no cerne da experiência humana.

Quanto ao corpo, segunda fonte de sofrimento descrita por Freud — este que é frágil, envelhece, experiencia dor e, por estar vivo, porta o signo da morte —, também é alvo das investidas técnicas oriundas da ciência. O deus-protético humano cria aparatos para lidar com a falência inevitável do corpo biológico e até superar a morte, projeto que alguns tecnofutu-rólogos, como Ray Kurzweil (2019), prometem para as próximas décadas. Afinal, criamos óculos para suprir a carência da visão, inventamos meios de transporte e comunicação para transcorrer tempo e espaço e produzimos toda sorte de intervenções médicas para controle e prolongamento da vida, inclusive com possibilidades de alterações radicais na percepção imagética que define um corpo na gramática social, como os avanços da medicina no processo de transição físico-corporal de identidade de gênero.

Os avanços da biomedicina, das neurociências, da engenharia genética, da inteligência artificial etc. demonstram a insistente busca humana em inventar técnicas que sublimem o corpo como fonte de sofrimento, inclusive técnicas que submetem os impasses do sexo, da não relação sexual e das nomeações que generificam e dividem os corpos, em nossa cultura hegemônica eurocolonial, a partir de significantes que definem homens e mulheres. O curioso é que, na cultura digital, surgem movimentos que questionam tal modelo.

Assim, a psicanálise, desde Freud, já adverte que a fala é tomada enquanto artifício, um engenhoso artefato. A terceira fonte de sofrimento é sentida e gerida pela fala, com a fragilidade das regras que regulam nossas relações e as invenções artificiais — toda fala é um artifício — para gerir a cultura humana. Nesse sentido, a linguagem é uma intervenção técnica do humano sobre a natureza e sobre o corpo, na determinação do falante para além de sua mera condição de vivente. Sobre isso, Lacan (1964/2008) explica que a linguagem abriu ao homem essa margem para-além da vida. Isto é, já que falamos, somos marcados pelo significante em uma relação para sempre não natural com o mundo. A paradoxal curiosidade surge quando as alterações na imagem do corpo não necessariamente precisam passar pela medicina, radicalizando o seio de uma cultura quando a estrutura linguística que sustenta uma gramática é colocada em xeque — a radicalidade de uma transformação cultural para um Saussure serve de exemplo.

É a partir do enodamento desses três pontos que se estabelece o mal-estar na cultura freudiano, este que Lacan define como a posição do sujeito diante da realidade a partir dos modos de gozo. Obviamente, isso não é sem consequências, e o preço pago pelo humano por sua condição de ser de linguagem é o atravessamento por essa montagem simbólica e imaginária que fura o Real instaurando o gozo e conduzindo à falência de qualquer projeto esférico e totalizante para a satisfação do homem, ou seja, a eterna busca pela felicidade.

Ora, se o desenvolvimento das tecnologias surge como desdobramento de nossas capacidades imaginárias e simbólicas em criar realidades, tem como consequência uma dupla saída: de um lado alivia o sofrimento e de outro gera mal-estar. Dessa forma, a civilização é indissociável da tecnificação. Nos termos freudianos, é o preço que se paga: a renúncia pulsional e o júbilo da pulsão de morte. Segundo a teoria freudiana, é justamente a pulsão de morte que se impõe ao ciclo monótono do prazer-desprazer, ao mesmo tempo que rompe com o preconceito de que a cultura e a civilização — Freud não diferencia os termos — seriam produtos evidentes de um progresso. É em cima dessa premissa que Freud constrói sua teoria do mal-estar no processo civilizatório.

Da revolução digital à nova segregação: a lógica do condomínio digital como paradigma do laço contemporâneo

No que concerne ao sofrimento de origem social, transgredimos limites acerca das nossas próprias ações, desenvolvendo sistemas de linguagem técnica de classificação e categorização de tudo, incluindo humanos. Como já advertia Marx em sua obra, tudo se transforma em mercadoria, passível de categorização e apropriação pelo mercado.

Dentre as características técnicas para lidar com o mal-estar perante as relações humanas que nosso curso civilizatório ocidental presenciou ao longo da era moderna, estão os numerosos processos de dissociação mediante o qual indivíduos de um grupo perderam contato físico e social com outros indivíduos e grupos. Temos, então, o surgimento histórico de civilizações nas quais pessoas são marcadas e categorizadas por fatores biológicos e sociais, tais como gênero, raça, etnia, classe, educação, religião, nacionalidade, dentre outros marcadores da engenharia social colonizadora eurocêntrica.

No século XX, fomos testemunhas da faceta de horror que a tentativa de controle e da tecnificação científica produziu nos campos de concentração e extermínio, como Auschwitz; da segregação racial americana e do *apartheid* na África do Sul; da segregação espacial urbana que concentra populações pobres em determinadas áreas das cidades; do surgimento dos condomínios fechados, que, em nome da segurança e da tranquilidade, separam indivíduos com maior poder econômico dos demais (Dunker, 2015). Inúmeros são os exemplos de segregação e exclusão que o último século produziu, e em todos os casos existia a presença de alguma "tecnologia de segregação", seja para controlar, separar ou aniquilar indivíduos e grupos.

Nesse cenário, o século XXI parece atualizar antigos paradigmas e atravessar novas inquietações. O domínio da ambivalência e da incerteza causado pelos anos de tensão do pós-2ª Guerra e da Guerra Fria contra-atacou violentamente com toda uma série cada vez mais ampla de preocupações.

Vivemos, desde antes da pandemia do coronavírus, sob condição de um mundo em risco, diagnosticado por Ulrich Beck. Com o fim da União Soviética e a expansão do ideário econômico neoliberal de mercados comuns no capitalismo globalizado, o risco de uma catástrofe eminente é deslocado; a "sociedade de risco" (Beck, 2018) seria a política impetrada.

O argumento ganha potência a partir do estado pandêmico em que assistimos, aterrorizados com os efeitos da covid-19, ao risco já eminente e alarmado, há alguns anos, da possibilidade de algum vírus saltar para a espécie humana e se alastrar pelo mundo globalizado e conectado tecnologicamente, o que se concretizou no final de 2019. As guerras entre Rússia e Ucrânia, a possível limpeza étnica de armênios em Nagorno-Karabakh e o conflito recém-aberto no Oriente Médio envolvendo Israel trazem para o tabuleiro geopolítico o novo risco de uma 3ª Guerra Mundial, além, é claro, do já alarmado e negligenciado risco de um apocalipse climático que apaga do mapa países como Tuvalu e Quiribati. A propósito, a nação de Tuvalu está criando uma cópia no metaverso e será a primeira nação digital do mundo, na tentativa de preservar a cultura, o conhecimento étnico e sua história.

Assim, a noção de sociedade de risco mundial em Beck (2018) pode ser compreendida como a soma dos problemas para os quais não há resposta institucional. Ora, a contradição nuclear de uma formatação social nesses termos surge com a ideia de ser preciso criar mecanismos, técnicos e políticos, de gestão e controle dos riscos causados pelo próprio desenvolvimento civilizatório. Não tem a ver com uma sociedade distópica ou de catástrofe, mas com a formatação de um "discurso de crise", de propensão direta ao caos, fato observado nas constantes crises geopolíticas, nas consequências ambientais do crescimento irresponsável e, por óbvio, na disruptiva crise pandêmica causada pelo SARS-CoV-2.

Portanto, seguindo essa lógica, o processo cultural deve ser gerido e controlado. Por consequência, podemos inferir que a tentativa de controle e gestão do processo cultural e civilizatório incide sobre a experiência do mal-estar observado por Freud. Ora, quem faria essa gestão?

Lacan, na conferência que proferiu na Universidade de Milão em 1972, indica que uma posição discursiva específica estaria deslocando a possibilidade de se fazer laço no social, provocando um curto-circuito na relação entre demanda e oferta, entre sujeito e objeto: o discurso do capitalista. Esse "novo" discurso é o meio que contaminou a ciência no último século, tornando-a dependente do hibridismo feito de conhecimento (discurso do universitário) e suas aplicações tecnológicas (discurso do mestre). Como afirma Lacan (1970/1992), "não se esperou, para ver isso, que o discurso do mestre tivesse se desenvolvido plenamente para mostrar sua clave no discurso do capitalista, em sua curiosa copulação com a ciência" (p. 103).

Na modalidade discursiva do capitalista, pode-se considerar que o sujeito passa a ser comandado pela presença do objeto, embora levando-se em conta a existência de certos limites. As regras e leis de mercado organizam e colocam limites nessa relação. A acepção lacaniana para o discurso do capitalista propõe que a relação do sujeito nesse discurso não mais engendra laço social com o outro, mas uma relação de retroalimentação entre desejo, gozo e objeto, modificando a relação entre saber, verdade e gozo.

Ora, a ciência encontra no discurso do capitalista a formulação perfeita para a execução de seu ideário, a possibilidade de acessar o impossível, de suturar o saber científico e a verdade do sujeito. Obviamente, como lembra Lacan (1967/2003), o saber e a verdade "com-padecem", sofrem juntos e um pelo outro. Paradoxalmente, desenvolve-se cada vez mais conhecimento sobre os "objetos" do mundo, transformando o não saber sobre o Real do gozo em "falta de informação". Entra em jogo a lógica individualista neoliberal e a gestão de risco.

Portanto, os *gadgets*, enquanto "objetos de gozo", proporcionam o mais-de-gozar. Assim, o discurso tem como consequência o consumo. São inumeráveis os exemplos de como isso funciona na prática, uma vez que as promessas se estendem para todas as direções, gerando consumidores de todos os tipos de ofertas, desde as tecnológicas, com centenas de celulares, *tablets*, televisões etc., até consumidores de "ciência", como os ávidos por correções de suas imperfeições, como no mercado dos tratamentos corporais ou na própria indústria psiquiátrica.

Nesse horizonte, assistimos à manifestação do avanço da ideologia neoliberal e seus incansáveis esforços em criar mercados a partir de qualquer coisa. Zuboff (2021) alerta que o atual estado do capitalismo, a partir da vertente digital da *web 3.0* e do domínio das *big techs*, criou um mercado completamente silencioso, seguindo o aviso de Andy Lewis no famoso documentário da Netflix *O dilema das redes*: "se você não está pagando pelo produto, então você é o produto".

De acordo com a psicanalista Diana Wolodarsky (2017), o acúmulo ilimitado de mercadoria e informação segue a lógica pulsional — oferta e demanda visando a preencher a satisfação perdida —, aquela que advém do processo civilizatório e traz a marca indelével do mal-estar existencial humano. Assim, sugere a autora, as formas atuais de segregação são cada vez mais destacadas: fome e desnutrição, pessoas desabrigadas de seus países e imigrantes, situações intensificadas com a crise pandêmica. A confusão entre a demanda e o desejo — a primeira cobrindo o segundo — parece estar no auge em nossos tempos, como possível efeito colateral do que a ciência insiste em chamar de progresso.

A pandemia de covid-19 e a obrigatoriedade sanitária de distanciamento social nos colocaram diante da necessidade de uma hiperimersão digital (Alcântara, Martins, Barbosa Junior & Lima, 2021), em escala global nunca vista, um grande marco paradigmático da comunicação do século XXI — obviamente, para quem tem poder de consumo.

Wolodarsky chama atenção para nossa relação com os dados e as informações que estão concentradas nas mãos de cinco grandes multinacionais estadunidenses, conhecidas como GAFAM: Google (Alphabet Inc.), Apple, Facebook (Meta), Amazon e Microsoft — acrescento, ainda, a Open IA, criadora do ChatGPT e sua importante revolução no desenvolvimento de inteligência artificial para usuários comuns. Tais empresas representam o poderio econômico e político do neoliberalismo contemporâneo, a vitrine do Vale do Silício. Devemos lembrar também das fortes empresas asiáticas de tecnologia e manipulação de dados que estão envolvidas em batalhas políticas com o governo dos EUA, tais como: Baidu, Alibaba, Tencent,

ByteDance, Samsung, Sony, Xiaomi e, principalmente, Huawei, todas com lucros exorbitantes durante a crise viral.

Encontramos no projeto do capitalismo de vigilância e na assimilação da cultura digital a expressão máxima do que Lacan parecia advertir desde 1967: "nosso futuro de mercados comuns encontrará seu equilíbrio numa ampliação cada vez mais dura dos processos de segregação" (Lacan, 1967/2003, p. 263). O efeito de segregação produz uma tecnopolítica que, ao retirar de cena a circulação de discursos que operam laço, tenta apagar da operação a desproporção entre o sujeito e o outro. A concentração está, para Lacan, sob a modalidade do campo — campos de concentração e não de extermínio —, a marca da ultrauniversalização produzida pelas tecnociências na contemporaneidade.

Assim, no atual estado da cultura digital, usuários são concentrados em um espaço uniforme e controlável, cercados por muros algorítmicos invisíveis que concentram todo fluxo de acesso e distribuição de dados para aprimoramento do capital. Vemos surgir na internet a formação de condomínios digitais (Alcântara, 2019) controlados pelo grande capital, concentrados nas mãos de poucas *big techs*.

O muro dos condomínios serve, de acordo com Dunker (2015), como uma forma de determinar o espaço como território; o muro seria uma estrutura de defesa. Na lógica do condomínio, o muro seria uma mensagem de indiferença contra o outro, uma figura da exclusão e da segregação. "A lógica do condomínio tem por premissa justamente excluir o que está fora de seus muros" (p. 52). Portanto, seja em um condomínio físico residencial onde podemos escolher deixar "o que não nos interessa" do lado de fora dos muros, seja nos intramuros algorítmicos que universalizam nossos interesses e gostos, o condomínio não deve, supostamente, ser ambiente de tensão.

Porém, quando esses muros condominiais são criados pelo Outro sintético, encarnado em diluições tecnológicas digitais representadas pelas empresas que controlam o espaço digital, essa articulação necessita de uma precisão maior. Afinal, é muito difícil preservar valores como solidariedade em um ambiente tecnológico que prospera com base na personalização e em experiências únicas e individuais. A ideia de coletividade sucumbe. O Um-iversal está (im)posto. A vida no condomínio digital cria muros de indiferença baseados na seletividade de oferecimentos, filtrados por *gadgets* e *big datas* que repetem escolhas anteriores, tornando cada vez mais invisível a diferença.

Não basta limitar a liberdade a tudo aquilo que não é proibido e, nesse sentido, levar as bordas da cultura para os limites da lei. De fato, a melhor expressão do sofrimento e de indeterminação é a cultura da gestão do risco. Encontramos aqui esse modo de subjetivação que Dunker chama de lógica do condomínio, isto é, a estratégia baseada em privatização do espaço (internet) seguida da hipernormalização de seu funcionamento e do incremento de políticas de identidade baseadas na conformação do gozo.

Portanto, seguindo nossa reflexão, guiada pela proposição de Dunker, o condomínio digital é uma tecnopolítica que emerge a partir do efeito discursivo da lógica neoliberal, isto é, da incidência técnica do discurso do capitalista descrito por Lacan. Afinal, tomamos a segregação em psicanálise como a tecnociência do discurso do capitalista. Portanto, a promessa do discurso do capitalista ganha força no digital ao retirar, ou melhor, borrar a imagem do outro na cena. Ora, encontramos no digital a formação de espécies específicas de condomínios, regulados e regidos pelas leis particulares das empresas que administram a organização dos muros invisíveis do espaço digital. Em última instância, a lei própria que organiza as regras algorítmicas da internet é a lógica do discurso do capitalista em sua versão neoliberal em uma nova era: a era do capitalismo de vigilância e seus efeitos de segregação digital, a era dos condomínios digitais.

O corpo como limite? Sexo e gênero dentro de paradigmas e contradições em um mundo algoritmizado

A questão da datificação algorítmica, ou seja, gestão algorítmica de dados, no modelo *big data*, que forma os condomínios digitais, segue um paradoxo interessante. A matemática que organiza a lógica digital tem a ver com a customização, com acessos mais simples, mais fáceis, com tipos de experiências digitais com pouca flexão, com poucos obstáculos, com tudo pronto e na mão. Em troca do "maravilhoso" mundo do conforto, entregam-se os dados pessoais.

Ao mesmo tempo que os muros invisíveis dos condomínios digitais organizam a lógica espacial da internet, nunca foi tão fácil acessar informações para confrontar, acarear e checar a veracidade do conteúdo que surge nas telas. Com quatro ou cinco cliques, é possível acessar visões de mundo completamente distintas e que, durante muito tempo, foram mantidas na invisibilidade e excluídas, tanto pela limitação física espacial de acesso a outros povos e culturas quanto por políticas de manutenção do *status quo* e do poder. Porém o domínio hegemônico de uma forma discursiva que preconiza o individualismo com base na universalização do consumo impera.

As diferenças não foram apagadas, estão, em sua grande parte, fora do alcance facilitado pela hipersegmentação algorítmica. O problema da manutenção de formas de contenção hipersegmentada em muros invisíveis dos condomínios digitais segue o encurtamento e o isolamento do laço social.

Com isso, percebemos que, no espaço digital, o universo de possibilidades e de novas manifestações de linguagem pode ser percebido em dois atos: no ato de evitação dos contatos físicos, mediando e controlando todas as conversações pelas telas dos dispositivos, e no ato de entrar em uma conversa em rede e participar de um ambiente que é sentido como hostil, acentuando a diferença.

Esses atos parecem trazer e colocar o sujeito em contato com um dos predicados do Real lacaniano, que é a diferença. O outro, este do qual o desejo depende, é sumamente um diferente. Porém, se o contato com a diferença é retirado de cena, a mensagem de indiferença surge. O Real é o nome para uma experiência perdida, como o objeto, a Coisa, a relação sexual, a totalização do gozo, a qual incide na constituição do sujeito traumaticamente, excedendo seu potencial de simbolização e imaginação, apresentando-se, portanto, na forma de angústia, no ato, em experiências de estranhamento ou na condição existencial e mais genérica do mal-estar.

Torna-se cada vez mais frequente o aparecimento, em nossos consultórios, de demandas e sintomas de analisantes que, em suas narrativas, relatam experiências de estranhamento com a segunda fonte de sofrimento descrita por Freud, o corpo, bem como a forma como este é tratado no social. Sofrimento experimentado seja pelo ideal de beleza que a indústria da moda vende há alguns anos e em que os padrões passam a ser segmentados na lógica condominizante dos algoritmos, seja por não reconhecerem seus corpos, sua imagem e seu arcabouço simbólico, representados nos papéis e imagens que determinam o discurso ontológico do ser *homem* e *mulher*. Como diagnostica Fajnwaks (2023), um novo paradigma na abordagem do corpo está surgindo na medicina — e diria que não só, parece emergir em todo tecido social: "o paradigma do corpo conectado" (p. 312).

São muitas as formas que o corpo, desde antes da cultura digital, apresenta-se como fonte de sofrimento. A particularidade da lógica impetrada pelos condomínios digitais e sua gestão privada é que o paradigma, em minha hipótese, parece ganhar potência diante de novas formas discursivas que rompem com a concepção hegemônica e normativa do significado do corpo, do sexo, do gênero, enfim, do humano, ou seja, a formação de um corpo identitário desidentificado com as normas de representação da língua, da imagem e do corpo que constituem subjetividades no interior da matriz binária sexo/gênero, organizadoras do laço social.

Essa hipótese está ancorada na forma curiosa e contraditória — já que a lógica individualizante do condomínio digital organiza a internet — com que alguns analisantes, ao narrarem suas experiências de mal-estar e sofrimento, dizem encontrar no mundo digital pontos de identificação fora das normas hegemônicas de definição biológica do corpo e da matriz cisgênero. Vale ilustrar, como vinheta clínica, o relato de um analisante, que hoje se diz trans-não-binário, acerca de seu incômodo com o corpo, com sua imagem especular, com seu nome e com os artigos e pronomes que representariam seu Eu desde seus 7 anos de idade.

Esse analisante, designado como menina ao nascer, dizia que não se sentia "ela", mas também não se via como um menino, um mal-estar real de não pertencimento, de não ter lugar no mundo. Profunda angústia que articularia seu sofrimento com sintomas depressivos, cargas ansiogênicas e, desde essa idade, práticas de *cutting* ou autolesão. Foi quando, aos 10 anos, circulando pela internet, fazendo uso de redes sociais, afirmou ter se deparado com uma publicação que descrevia casos com os quais se identificou. Pessoas que também relatavam mal-estar e sofrimento com os corpos biológicos e com os símbolos e imagens que ancoravam suas identidades desidentificadas fora da norma binária homem/mulher.

A partir da descoberta, ao acaso, da existência *online* de grupos de pessoas que relatam suas experiências de sofrimento e desidentificação com a tradição binária de gênero, o analisante relata ter encontrado um lugar no não-lugar: pontos de identificação que parecem transpassar a gramática dos afetos que estruturam e organizam os papéis sociais a partir da matriz sexo/gênero hegemônica. Ou seja, afirma que, se não fosse a internet, estaria preso à angústia sem nome, causa de sofrimento e mal-estar. Parece encontrar no mundo digital pontos de resistência que desorganizam a forma usual de classificação dos corpos e dos papéis simbólicos e imaginários de circulação no laço social definidos como homem ou mulher, passando a se referir como corpo trans-não-binárie.

Alguns casos de transidentidades, que quebram a epistemologia do armário a partir do digital, estão ancorados em experiências de suposto pertencimento no interior de comunidades *online*, como jogos, grupos e fóruns de cultura asiática como as ondas *otakus*[11] do Japão, *Hallyu*[12] da Coreia do Sul, a mais recente onda cultural pop chinesa que se expande pelo mundo através do digital, bem como produções culturais de países como Vietnã, Indonésia, Malásia etc. Obviamente, a predominância asiática não é ao acaso. Um forte investimento híbrido, público-privado, de produção cultural dos países asiáticos surge como um movimento geopolítico conhecido como *soft power*.

A expansão cultural e a formatação de interações digitais que surgem nesses casos têm uma coisa em comum: o uso do metaverso[13]. O termo ficou conhecido pela mudança de nome da *holding* do Facebook, que passou a se chamar Meta. Entretanto a Meta não é a líder na construção da nova onda da internet.

Logo, esse novo espaço digital ultrapassa a experiência clássica de entretenimento ao utilizar esse novo modelo de plataforma possibilitando, dentre outras coisas, a avatarização performativa dos corpos, com a expansão imersiva para experienciar outras formas de identificação, formação de laços e expectativas de reconhecimento. Nos mais famosos ambientes de metaverso — como *Roblox*[14], *Fortnite*[15], *Axie Infinity*[16], *Hoyoverse*[17] —, o usuário pode assumir a forma-avatar que quiser, transitando pela possibilidade fantasística de assumir outro campo imagético de si, em tons semelhantes à abandonada utopia ufanista de Sherry Turkle (1984) em *The second self*.

Alguns paradoxos acompanham esse processo: por um lado, a possibilidade de experienciar encontros, reconhecimento e formas outras de ser e estar para além da tradição hegemônica, por outro, explodem casos na

---

11 É o termo usado para definir as pessoas que se interessam pela cultura pop japonesa.

12 Também conhecida como "onda coreana", é o termo que se refere à explosão da cultura pop coreana em vários segmentos, com ampla expansão digital.

13 Metaverso é um universo digital imersivo que oferece aos usuários um espaço de interação complexo por meio de avatares personalizados, criando um universo extensivo, que envolve um sistema de comunicação através de diversas tecnologias integradas, como realidade virtual, realidade aumentada, criptomoedas etc.

14 Com sede na Califórnia, é uma plataforma metaverso baseada em mundo aberto, multiplataforma e simulação que permite criar do zero o próprio mundo virtual chamado de "experiência" ou "place" onde os milhares de jogadores da plataforma podem interagir.

15 Com 400 milhões de usuários, possui um universo virtual que integra comunicação, *e-games*, marketing, comércio digital, dentre outras experiências em expansão de seu metaverso.

16 Plataforma vietnamita que engloba, além do jogo, venda de NFT, terrenos *online* e movimentos geopolíticos próprios.

17 Universo digital da desenvolvedora chinesa do famoso jogo *Genshin Impact* que fornece experiência imersiva multiplataforma integrando vários tipos de entretenimento.

mídia de adolescentes e jovens que abandonam o cuidado de si, do corpo biológico e das necessidades materiais de manutenção da vida.

Por óbvio, a reflexão de casos exposta não totaliza o conjunto dos movimentos de transidentidades no digital, mas referencia esses fenômenos culturais, com força e forma, como uma potência paradigmática dos próprios muros algorítmicos dos condomínios digitais em contato com possibilidades protéticas de extensão e extrapolação do corpo material, tido como biológico. Nesse sentido, Amber Case (2015) afirma que já somos ciborgues, não aqueles de filmes de ficção científica, como o *Robocop* ou humanoides robóticos regidos por inteligência artificial. Na verdade, os dispositivos tecnológicos digitais que utilizamos cotidianamente já são, eles mesmos, próteses e extensões de nossos corpos e mentes.

Preciado (2022), em seu *Manifesto contrassexual*, propõe uma genealogia de "tecnologias do sexo" a partir de práticas protéticas. Ele cita, em particular, a obra de Jules Amar, diretor do "laboratório de próteses militares e trabalho profissional", na década de 1920, autor de *A prótese e o trabalho dos mutilados*, de 1916. Ele foi um dos primeiros a trabalhar com os corpos de soldados mutilados para desenvolver próteses, braços, pernas, o que poderia permitir que esses corpos fossem recolocados em funcionamento na grande máquina da indústria.

Como demonstra Preciado, não se trata de trabalhar com próteses sexuais: um amputado ou incapacitado não devia ser confundido com um impotente, alguém incapaz, o dildo. Marca assim o limite da indústria protética: o que ocorre é que a prótese, de início pensada como um substituto artificial, uma cópia mecânica de um órgão vivo, modificou profundamente a própria percepção do corpo. Afinal, se o corpo masculino (órgãos sexuais inclusos) pudesse ser proteticamente construído, também poderia, pois, ser des-construído, des-locado e, por que não, substituído.

Ora, quando refletimos sobre a possibilidade de substitutos artificiais para maior parte dos "pedaços de carne humana", mais uma vez evocamos o deus protético freudiano. Para Donna Haraway (1991), a vida, o corpo, não podem ser entendidos como dado biológico, já que não existiria sem as redes de produção e cultura que pertencem à tecnociência. Assim, o corpo seria um sistema tecnovivo, o resultado de uma implosão irreversível de binários modernos — homem/mulher, animal/humano, natureza/cultura. Afinal, "incorporação é uma prótese de significante" (Haraway, 1991, p. 195).

Haraway desenvolveu, na década de 1980, a relação entre a captura pela tecnologia do corpo humano e o capitalismo. O que pensar do *upgrade* dessa relação em sua versão industrial 4.0 na era do capitalismo de vigilância que organiza as vias de trânsito digital a partir de uma lógica de condominização? Fajnwaks (2023) apresenta uma crítica ao novo paradigma permitido pela leitura digital do corpo, sua tradução em algoritmos e sua regulação em fluxo corrente que datifica todo o sistema de predição e controle dos estados biológicos do corpo.

Mas, e quanto a possibilidade de extrapolação do biológico em suas formas avatares que alguns de nossos analisantes relatam como fluxo de possibilidades de *falasser* para além das normas que determinam o biológico? Os marcadores teóricos da clínica psicanalítica já são suficientes para lidar com as tramas que tecem os novos paradigmas da contemporaneidade digital que desloca a norma, sobretudo, sobre o sexo, o corpo e o gênero? Longe de tentar dar luz a essas indagações neste texto escrito depressa demais, a visada aqui é colocar em xeque as certezas. Assim, podemos afirmar que a prótese tecnológica não vem tanto para suplementar o órgão vivo, mas transformá-lo no âmbito de um dispositivo de gozo.

Longe de ratificar a naturalidade perdida do corpo e suas capacidades "puras", Preciado (2022)., por exemplo, mostra, ao contrário, a impossibilidade de traçar limites claros entre o "natural" e o "artificial", entre o "corpo" e a "máquina", e conclui que cada desenvolvimento tecnológico reinventa uma nova condição natural. O digital e a possível proliferação de suplementos penetrantes sinalizam uma "mutação do corpo biológico" e permite uma nova narrativa tecnológica que não pode ser lida apenas como uma transgressão de gênero. Tensionando com Lacan (1972/2012), o corpo é lugar de gozo e o ser é gozo do corpo como tal, como assexuado, pois o que chamamos de gozo sexual é marcado, dominado, pela impossibilidade de estabelecer o Um da relação sexual (p. 14).

O pensamento de Preciado segue a colocação que Judith Butler (1993) já anunciava em Corpos que importam. Nesse trabalho, Butler afirma que a materialidade do corpo como demarcada no discurso é importante, porque comporta uma dimensão política: denuncia a produção, por essa demarcação discursiva, de um âmbito do sexo excluído e não legitimado, a saber, os corpos que materializam e se conformam com as normas cisheterossexuais e que, portanto, são corpos que importam, enquanto outros, que não chegam a materializá-las, acabam na categoria de corpos não viáveis, abjetos.

Assim, para Butler, a materialidade do corpo e do sexo é construída por meio da repetição ritualizada das normas; é efeito do poder, pois o poder investe os corpos do que há de mais material e vital neles, seguindo uma performatividade. A autora explica que a performatividade não se refere a um ato singular e deliberado, mas, pelo contrário, a práticas discursivas reiterativas que produzem o que nomeiam e que, ao fazê-lo, ocultam as convenções históricas que repetem — algo aproximativo do conceito de semblante desenvolvido por Lacan, que descreve a incapacidade ontológica de ser para além de um significante, um efeito de linguagem.

Diferentemente das próteses oculares criadas pela necessidade corretiva do declínio de nosso corpo, exemplificada por Freud no início do século XX, as tecnologias digitais formam uma espécie de prótese extensiva que produz demandas constante e ininterruptamente. Uma série de psicanalistas — como Fajnwaks ou Miller, em sua biologia lacaniana — afirma que a ciência técnica, ou tecnociência, a partir de algoritmos matemáticos e controle de dados, busca tamponar o Real — no sentido lógico da formalização — do corpo, da natureza e das relações humanas: ampliando ou suprimindo a diferença sexual, criando outras possibilidades perante a morte, novas intervenções no corpo, multiversos computacionais de comunicação em massa, desenvolvimento de inteligências artificiais, superinteligências, intervenções neuronais etc. Não discordo da reflexão; a lógica dos condomínios digitais que a extrapolação neoliberal comporta serve de argumento, mas o que seria o Real quando nos referimos ao corpo? Seria o corpo biológico? Quais os limites de pensar a materialidade orgânica do corpo diante das transformações paradigmáticas que o contemporâneo apresenta, desde os tensionamentos geopolíticos no universal até as novas formas de singularização no particular?

Acredito que a resposta não é tão simples, pois, mesmo que ainda não haja existência do vivente fora do corpo com o qual a medicina trabalha — pelo menos ainda não —, a experiência do sujeito, como artifício de linguagem, não se reduz ao bios orgânico das ciências médicas. A contradição segue, pois, a cultura digital é a implementação mais atual do ideário capitalista em sua formatação neoliberal, com a mercantilização do consumo das máquinas tecnológicas, ofertando, como promessa, acesso a um *a* mais de gozo, o que possibilita o surgimento de novas modalidades daquilo que as ciências humanas categorizam no bojo da exclusão, discriminação e segregação. Em contrapartida, também funciona como um mecanismo de contra-ataque às formas hegemônicas e estruturais que se fazem universalizantes diante de questões interseccionais, como gênero, classe, raça etc.

O novo paradigma do corpo se dá na intervenção das modalidades de gozo que os discursos do laço social descritos por Lacan sustentam. O universo particular da tela é o espelho que reflete a influência discursiva do projeto tecnocientífico de algoritmização da vida em condomínios digitais. Dispomos de aplicativos que organizam, controlam, gerem e distraem, ou seja, tudo parece estar ao alcance de nossos dedos. Em última instância, estamos diante da busca da universalização de corpos e mentes, a matematização do sujeito. Em contradição, surge a possibilidade inventiva de ser e estar no mundo, de reivindicar uma posição outra de sujeito.

Referências

Agamben, G. (2009). *O que é o contemporâneo? E outros ensaios*. Argos.

Alcântara, S. (2019). *Segregação digital: um estudo crítico-reflexivo acerca do efeito da cibercultura no sujeito*. (Dissertação de mestrado, Universidade de Fortaleza, Fortaleza).

Alcântara, S., Martins, J. C., Barbosa Junior, F. W., & Lima, M. C. P. (2021). Notas sobre o mal-estar na cibercultura em tempos de hiperaceleração digital. *Tempo psicanalítico*, 53(1), 221-248.

Beck, U. (2018). *A metamorfose do mundo: novos conceitos para uma nova realidade*. Zahar.

Butler, J. (2020). *Corpos que importam: os limites discursivos do "sexo"*. N-1 Edições.

Case, A. (2015). *Calm technology: principles and patterns for non-intrusive design*. O'Reilly Media.

Dunker, C. (2015). *Mal-estar, sofrimento e sintoma: uma psicopatologia do Brasil entre muros*. Boitempo.

Dunker, C. (2017). Intoxicação digital infantil. In A. Baptista, & J. Jerusalinsky. *Intoxicações eletrônicas: o sujeito na era das relações virtuais* (pp. 117-145). Salvador: Álgama.

Fajnwaks, F. (2023). *Despatologizar o sujeito trans e outros ensaios lacanianos*. Scriptum.

Freud, S. (1930/2020). O mal-estar na cultura (1930). In S. Freud. *Cultura, sociedade e religião: o mal-estar na cultura e outros escritos* (pp. 305-410). Autêntica.

Goldberg, L., & Akimoto, C. (2021). *O sujeito na era digital: ensaios sobre psicanálise, pandemia e história*. Edições 70.

Haraway, D. (1991). *Manifesto ciborgue: ciência, tecnologia e feminismo-socialista no final do século XX*. Monstro dos Mares.

Kurzweill, R. (2019). *A singularidade está próxima: quando os humanos transcendem a biologia*. Iluminuras.

Lacan, J. (1992). *O seminário, livro 17: o avesso da psicanálise (1969-1970)*. Zahar.

Lacan, J. (2003). Proposição de 9 de outubro de 1967 sobre o psicanalista da Escola. In J. Lacan. *Outros Escritos* (pp. 248-264). Zahar.

Lacan, J. (2008). *O seminário, livro 11: os quatro conceitos fundamentais da psicanálise (1964)*. Zahar.

Lacan, J. (2012). *O seminário, livro 19: ...ou pior (1971-1972)*. Zahar.

Preciado, P. B. (2020). *Yo soy el monstruo que os habla: informe para una academia de psicoanalistas*. Editorial Anagrama.

Preciado, P. B. (2022). *Manifesto contrassexual: práticas subversivas de identidade sexual*. Zahar.

Safatle, V., Junior, N. S., & Dunker, C. (2021). *Neoliberalismo como gestão de sofrimento psíquico*. Autêntica.

Turkle, S. (1984). *The second self: computers and the human spirit*. Simon & Schuster.

Wolodarsky, D. (2017). Machines à ségréguer. La cause du désir: internet avec Lacan, 97, 69-71.

Zuboff, S. (2021). *Era do capitalismo de vigilância: a luta por um futuro humano na fronteira do poder*. Intrínseca.

A ESTÉTICA DA ANOREXIA MASCULINA EM *ANA'S SONG*

Cínthia Demaria

O tema da anorexia masculina tem ganhado significativa — embora ainda tímida — notoriedade através de personagens midiáticos, especialmente da música, nos últimos anos. Nas redes sociais *online*, o assunto é tratado por jovens identificados como homens, em sua maioria de forma anônima, sobretudo nos canais que dão a possibilidade de publicar sobre o assunto sem fazer uso de imagens. A pouca repercussão sobre o sintoma anoréxico no masculino, todavia, não significa uma ausência da questão, e como eles próprios relatam nas redes sociais, talvez trate-se de uma dificuldade em se reconhecer e se identificar em um quadro majoritariamente ocupado por mulheres.

A arte tem desempenhado um papel importante para ampliar esse debate. Franz Kafka já anunciava em *Um artista da fome* (1922/1998) evidências para a hipótese de que teria sofrido de uma anorexia nervosa atípica. A partir de suas obras literárias mostrava-se adepto ao jejum e aos hábitos obsessivos-compulsivos de sua personalidade depressiva. A série *Heartstopper* (Netflix, 2022), baseada nos quadrinhos de Alice Oseman, traz como um dos dilemas do protagonista Charlie, o desenvolvimento de sua anorexia na adolescência. Outras celebridades da música, como Elton John, Justin Hawkins (The Darkness), Greyson Chance, e outros, já declararam publicamente as suas respectivas lutas contra os transtornos alimentares. Para este texto, selecionei um caso emblemático, que marcou uma geração por uma canção que mais tarde seria ecoada pelos grupos Pró-Ana que encontramos hoje na internet.

Por ter trazido publicamente a discussão de que homens também poderiam sofrer de anorexia, o então vocalista da banda australiana Silverchair, Daniel Johns, levantou essa discussão ainda em 1999, no momento em que o grupo crescia em todo o mundo. Anos mais tarde, Johns relatou em entrevistas (que acabaram virando um relato de uma biografia), que a doença quase o matou, e que a tentativa de ter controle sobre alguma coisa na verdade o fez perder completamente o controle do seu próprio corpo (Apter, 2018). Autor da canção *Ana's Song*, onde fala sobre a sua anorexia, Johns canta *"Please die Ana / Por favor, Ana, morra"*, o que curiosamente fez emergir na internet diversos grupos Pró-Anorexia, conhecidos como "Pró-Ana", carinhosamente nomeados e personificados como Ana, tal como o cantor denominou a canção (Brodsky, 2011).

Este trabalho irá abordar uma perspectiva de como se construiu a significação da anorexia de Daniel Johns através da música *Ana's Song*. Além de relatos do músico sobre o momento em que experienciou o transtorno alimentar, pretende-se, com este texto, estabelecer uma correlação da leitura da clínica psicanalítica com os modos de gozo e mal-estar contemporâneos.

Uma canção para Ana

O Silverchair foi uma banda de rock australiana formada em 1992 por Daniel Johns, Chris Joannou e Ben Gillies. Inicialmente a banda se assemelhou às vertentes do estilo grunge de Seattle da década de 1990, porém mudou o seu estilo ao longo dos anos, alternando diferentes arranjos e sonoridades das suas composições.

Ainda muito jovens, o trio começou a tocar junto quando estava no ensino médio, eram amigos de escola. Mesmo com pouca idade, o primeiro álbum do Silverchair (*Frogstomp*, 1995) atingiu o primeiro lugar na Austrália e na Nova Zelândia e ficou entre os 10 mais do ranking da revista *Billboard* de 1995. A essa altura, a carreira dos artistas já alcançava outros países, o que fez com que a fama os acometesse de forma muito repentina.

Em 1997, lançaram o seu segundo álbum intitulado *Freak Show* (1997). No intervalo entre essa obra e o terceiro disco, o vocalista Daniel Johns desenvolveu uma anorexia nervosa, período em que se dedicou a fazer canções de cunho autoral para o álbum *Neon Ballroom* (1999). O terceiro disco do Silverchair ficou marcado pela novidade da sonoridade de arranjos orquestrados e, principalmente, pela identificação de diversos jovens com o transtorno alimentar no qual o ídolo estava imerso (Apter, 2018).

Todavia, como a música foi o espaço em que o vocalista do Silverchair encontrou para falar sobre sua anorexia publicamente pela primeira vez, escolhi apresentá-la antes de abrir a narrativa do caso do músico, uma vez que foi pela via da arte que ele tornou público o seu sintoma. A proposta é seguir o caminho de Johns: fazer-se pela arte, abrir as interpretações pela letra e pelos arranjos de *Ana's Song*, para depois atribuir sentido aos versos obsessivos e melancólicos da canção.

Daniel Johns publicou a sua versão autobiográfica da doença no formato de uma música em 1999, e a chamou de *Ana*. Sem mensurar o impacto que isso traria, enquanto os empresários se questionavam sobre a veiculação da letra por trazer um tema sensível, Johns não se esquivou. Talvez este tenha sido o álbum mais diverso de toda a carreira do Silverchair, devido à expectativa dos fãs em seguir uma linha "tradicional" do rock cru. O que ele não imaginava é que ao nominar Ana, milhares de pessoas no mundo iriam automaticamente se identificar pela obra que antecedeu à significação do autor. A insígnia anoréxica por via da música foi a sua forma de manifestação, que somente depois de sua veiculação, ele veio a trabalhar em entrevistas e com ajuda profissional. Portanto, apresento-a na mesma ordem em que a discussão veio à tona em 1999, nas versões inglês e português, da letra que Johns escreveu:

***Ana's Song* (Silverchair, 1999)**

Please die Ana
For as long as you're here we're not
You make the sound of laughter
and sharpened nails seem softer

And I need you now somehow
And I need you now somehow

Open fire on the needs designed
On my knees for you
Open fire on my knees desires
What I need from you

Imagine pageant
In my head the flesh seems thicker
Sandpaper tears corrode the film
And I need you now somehow
And I need you now somehow

Canção da Ana

Por favor Ana, morra.
Pois enquanto você estiver aqui, nós não estaremos
Você faz o som do riso
E de pregos afiados parecerem mais suaves

E eu preciso de você agora de alguma maneira
E eu preciso de você agora de alguma maneira

Abra fogo nas necessidades planejadas
estou de joelhos por você
Abro fogo nas vontades dos meus joelhos
Que eu preciso de você

Imagine a cerimônia
Na minha cabeça a carne parece mais espessa
Rasgos de lixa corroem o filme

Open fire on the needs designed
On my knees for you
Open fire on my knees desires
What I need from you

And you're my obsession
I love you to the bones
And Ana wrecks your life
Like an Anorexia life

Open fire on the needs designed
On my knees for you
Open fire on my knees desires
What I need from you
Open fire on the needs designed
Open fire on my knees desires
On my knees for you

E eu preciso de você agora de alguma maneira
E eu preciso de você agora de alguma maneira

Abra fogo nas necessidades planejadas
estou de joelhos por você
Abra fogo nas vontades dos meus joelhos,
O que eu preciso de você?

E você é minha obsessão
Eu te amo até os ossos
E Ana destrói sua vida
Como uma vida de anorexia

Abra fogo nas necessidades planejadas
Estou de joelhos por você
Abra fogo nas vontades dos meus joelhos,
O que eu preciso de você?
Abra fogo nas necessidades planejadas
Abra fogo nas vontades dos meus joelhos,
de joelhos por você.

Após o lançamento da canção, em entrevistas para periódicos da época, Daniel Johns falou pela primeira vez sobre sua anorexia, defendendo-se inclusive das acusações de que o seu estado físico estaria relacionado ao abuso excessivo de drogas. A música ganhou um videoclipe onde Johns aparece em uma cadeira de rodas, com semblante cadavérico, enquanto uma atriz interpreta uma obsessão por lavar as mãos até sangrar.

A recusa radical ao mundo e a solução anoréxica

Na biografia de Daniel Johns escrita por Jeff Apter (2018), há um relato do músico sobre como a anorexia aparece como uma solução introspectiva em tentar recuperar o controle da própria vida. Embora seja uma biografia não autorizada, a obra de Apter reúne entrevistas concedidas por Daniel

Johns ao longo da maior parte da sua carreira no Silverchair. Todos os depoimentos citados deste livro são identificados pelo autor em jornais e revistas da época, a partir de falas do próprio Johns.

Em 1997, após o sucesso do álbum *Freak Show*, onde Daniel já despertava a identificação dos jovens por uma das músicas mais famosas da banda, quando ele cantava "*Yeah, I'm freak*" ("Sim, eu sou uma aberração"), ele assumiu ter perdido completamente o controle de sua vida. As decisões do jovem músico estavam nas mãos da indústria da música e dos *paparazzi*, o que fez com que ele iniciasse as crises de pânico e ansiedade.

Na obra de Apter há um relato público de Johns: "as pessoas esperam que com a fama você estará cheio de garotas (...), mas quanto mais os shows lotavam, mais vazio eu me sentia quando saía do palco" (Apter, 2018, p. 119). Em 1997, ele iniciou sessões de terapia para "aprender a socializar com pessoas", como ele próprio definiu. O que ele esperava, de fato, é que o terapeuta o desse os comprimidos e encerrou as sessões em dois meses, pois não suportava a ideia de ter mais alguém querendo saber sobre a vida dele, já que a imprensa se ocupava disso durante todo o tempo. Todavia, uma ideia surgiu desse processo, que foi a de morar sozinho e conquistar a sua independência. No período em que saiu da casa dos pais, Johns relatou em entrevistas que o seu ponto de vista da realidade começou a ficar distorcido:

> Comecei a ficar muito ansioso e paranoico. Não podia ficar na minha casa sem imaginar que algo muito ruim estava para acontecer, e comecei a ficar apavorado com telefones. Quando o meu tocava, eu saía do quarto para ficar longe dele. (Daniel Johns apud Apter, 2018, p. 120).

Foi nesse momento que Johns começou a desaparecer cada vez mais dentro de uma alienação e de sua depressão. E depois ele parou de comer (Apter, 2018). O autor biográfico relata que o músico acreditou, naquela época, que a única parte de sua vida que conseguia controlar era a sua ingestão de alimentos. Era a sua forma de controlar "o caos que ele sentia por dentro". Ele iniciou então, um desafio consigo mesmo sobre quão pouco ele podia comer e ainda se manter vivo, o que ele qualificou mais tarde como um desafio pessoal "bizarro". Ele passou a comer pequenos pedaços de fruta por dia, às vezes alguma sopa, apenas para impedi-lo de desmaiar. Foi quando ele se deu conta que por meses, só comia para não entrar em colapso.

> A única forma que consigo descrever isso é o quão confortável é a ideia de estar no controle sobre alguma coisa, como se eu já não o tivesse perdido completamente. O problema é que enquanto você acredita que está controlando, na realidade você está perdendo o controle completo sobre o funcionamento do seu corpo. (Apter, 2018, p. 120).

Segundo o cantor, nesse momento a família era a única fonte de conforto, quando ele não se sentia ansioso. Ele localiza esse momento como um período em que esteve perdido em suas ideias paranoicas, como a de estar convencido de que todos os chefs do mundo estavam determinados a envenená-lo, ou a de que existiam lâminas de cortar dentro das maçãs. Antes disso havia se tornado vegano.

Quando ele se via no espelho, percebia mudanças físicas, mas pensava que as roupas estavam ficando largas, e não que estivesse emagrecendo. Em meio a sua anorexia, Johns pegou um resfriado que o fez buscar o médico da família, e só então percebeu que a sua imunidade estava muito baixa. O médico fez um alerta, dizendo que ele deveria voltar a comer, caso contrário ele morreria, porque já estava pesando menos de 50 quilos, e apresentava características que marcavam a severidade da doença, tais como ossos protuberantes, dentes expostos, gengivas retraídas e bochechas afundadas, o que caracterizava o aspecto cadavérico ao qual ele se encontrava. A consulta a esse médico representou um ponto de virada. O médico prescreveu a ele um antidepressivo e ele voltou a morar com os pais.

Quando iniciou o tratamento com antidepressivos, Johns percebeu que através dos medicamentos ele também poderia recusar o mundo, já que estes formavam uma espécie de "confusão antidepressiva", ao qual o fez retrair nos próximos três anos. Por mais que os integrantes da banda quisessem o ajudar, eles frustravam-se, por conta do seu estado inerte, apagando-se do seu desejo pelo mundo.

Anos mais tarde, Johns explicou que optou por não compartilhar sobre o sintoma com a família e amigos. "Quando eu estava realmente mal com os transtornos alimentares eu achava que eu iria morrer, e que todo mundo que me conheceria acharia o mesmo". Porém Johns ressalta em entrevistas e na biografia de Apter que não tinha tendências suicidas. Enquanto se retraía do mundo, começou a escrever poemas que relatavam o seu estado mental, o que pareceu uma saída.

Em 1998, ele pegou todos os seus poemas, cortou todos eles e separou apenas as palavras que faziam mais sentido para ele, criando uma bricolagem com esses significantes que ele inseriu em um novo contexto. A partir dessas palavras, ele começou a fazer canções, que ele denominou como um novo passo para o desconhecido. "Eu não queria fazer letras muito poéticas, mas queria realmente focar no que estava sentindo naquele momento. Queria que as pessoas focassem no que eu queria dizer nestas novas letras, para depois ouvir a música" (Apter, 2018, p. 123). Segundo a revista *Rolling Stone*, as letras derivadas desses poemas eram cheias de doenças, necessidades, obsessões, incertezas e dor.

Essa nova ideia de expor o seu estado mental através das músicas fez com que ele encontrasse a sua própria voz. A letra que se tornou *Ana's Song* foi a mais autobiográfica de toda a carreira do cantor até então. Foi através da música que ele pôde dizer sobre a sua anorexia para o mundo pela primeira vez. Segundo Johns, a frase *"In my head the flesh seems thicker"* ("Na minha cabeça a carne parece mais grossa"), de *Ana's Song*, é o que melhor representa para ele, o que ele percebia na anorexia, como se ele não a visse.

> Tenho certeza que a razão pela qual as pessoas têm transtornos alimentares tem a ver com a imagem do corpo, mas geralmente não tem nada a ver com olharem para isso de maneira correta. É sobre ganhar controle de uma parte da sua vida, é sobre uma obsessão, seja ela um transtorno alimentar, seja ela uma distorção de você mesmo. (Apter, 2018, p. 124).

Embora o cantor tivesse receio de as pessoas não entenderem a mensagem que queria passar com *Ana's Song*, esta foi a faixa do álbum *Neon Ballroom* (1999) que embalou uma série de identificações nos grupos Pró-Ana na internet, e é sem dúvida uma das mais emotivas da obra, seguida de *Emotional Sickness* ("Emoções doentias"), que inaugurava a essência das letras que estavam por vir dali. As faixas *Miss you love* ("Sinto a sua falta, amor") e *Black Tangled Heart* ("Coração emaranhado preto"), presentes no mesmo álbum, também retratavam sua dificuldade de estabelecer laços sociais, inclusive com mulheres. "Parecia ter uma certa fobia. Sempre que alguém chegava muito perto do meu coração, eu cortava a corda" (Apter, 2018, p. 132). O álbum vendeu nos Estados Unidos 633.000 cópias, 101.000 na Alemanha, 116.000 no Brasil e 25.000 cópias na Suécia. *Ana's Song* fez com que a banda se tornasse a de maior sucesso na Austrália na década de 1990/2000.

Ana's Song inicialmente ia contra a ideia dos produtores, mas Johns insistiu que a música estivesse no álbum. O produtor acreditava que o tema da anorexia poderia ser controverso graças à sensibilidade que ele portava, e o empresário temia que a canção o puxasse de volta para a doença, mas Johns quis dizer ao mundo o que o transtorno alimentar trouxe para a sua vida, e acabou fazendo da canção algo que ele não conseguiu dizer a um analista.

Uma manchete do jornal australiano *Corrier-Mail* trazia a chamada "Transtornos alimentares detonam uma jovem estrela", retomando a carreira do Silverchair nas principais manchetes mundiais em 1999. Johns entendeu que aquilo poderia ajudar jovens fãs a entender que até mesmo ele, enquanto estrela do rock, poderia sofrer com problemas comuns. Depois das publicações em várias manchetes, a revista *Rolling Stone* revelou que milhares de jovens começaram a escrever cartas dizendo se identificar com a história de Johns, e que aquele foi o maior retorno que alguma matéria da revista já teve (Apter, 2018, p. 144).

Após retomar a carreira, Johns deslocava então o sintoma alimentar para um novo: a dependência de pílulas para que conseguisse entrar no palco. Esse reflexo também foi noticiado pela mídia, uma vez que ele começava a falar frases desconexas durante o show, como se estivesse dizendo para si mesmo. Depois da turnê do álbum que contava com a faixa *Ana's Song*, ele retornou ao terapeuta, embora fosse desconfortável para ele, para tentar se livrar dos medicamentos. Após a entrada nas sessões de terapia, os sintomas alimentares diminuíram significativamente, embora a entrada no laço social com outras pessoas ainda fosse problemática.

Após a fase mais conturbada de Daniel Johns, o Silverchair ainda continuou no mercado da música até 2011. Depois do quadro de anorexia nervosa, o cantor foi acometido por uma rara e severa crise de artrite reativa. Suas articulações inflamaram e ele mal podia se mexer pois todos os seus movimentos eram dolorosos, de modo que ele não mais podia tocar ou mesmo realizar tarefas do dia a dia. Entretanto isso não impediu que a banda lançasse mais dois álbuns: *Diorama* (2002) e *Young Modern* (2007).

Após o fim do Silverchair, Johns participou de projetos paralelos com outros músicos, tocou em importantes festivais mundiais e seguiu carreira solo até o recente projeto *Future Never* (2022), lançado junto com uma série de produtos que contam a sua história, além de um poadcast na plataforma Spotify intitulado *Who is Daniel Johns?* (2021). O músico voltou a ter uma presença ativa nas redes sociais Instagram, Facebook e YouTube, com conteúdo criado especialmente sobre os seus trabalhos. Outra novidade foi a abertura de uma exposição em algumas cidades da Austrália, onde exibe detalhes da sua arte e algumas curiosidades sobre a sua vida, denominada *Past, present and Future Never*.

Nesse mesmo ano (2022), o cantor abriu uma série no YouTube intitulada *Inside the mind of Daniel Johns* ("por dentro da mente de Daniel Johns"), onde atualizou relatos da época em que sofreu com a anorexia, bem como recentes episódios de abusos de drogas. Envolvido em um acidente de carro após dirigir embriagado, Johns relatou nessa série estar dramaticamente se "desfazendo" emocionalmente, o que não foi a primeira vez, mas a pior de todas. Assim como na época em que esteve no quadro anoréxico, ele retoma o isolamento social e as crises de pânico se intensificam, onde tudo parecia estar fora do corpo.

As adições por via do álcool e das drogas, todavia, vieram tardiamente, surgindo como uma alternativa para lidar com ideias depressivas. Em um vídeo do seu canal no YouTube, ele comparou essa fase com a dos 17 anos de idade, onde não podia controlar o que sentia e focava as suas energias em se ocupar de uma compulsão para evitar o problema real. "Criar novos problemas para tirar o foco de outros sempre apareceu como uma solução, embora fossem como automutilação". Embora tenha reaparecido na carreira musical com novo álbum e em diversas plataformas, Johns ainda enfrenta problemas com os novos sintomas compulsivos. Em meio ao lançamento do novo álbum, aos 43 anos de idade, ele voltou à reabilitação, como contou em seu canal na internet.

Apesar do novo álbum e da presença ativa nas redes sociais e em múltiplas plataformas, o cantor disse em uma entrevista recente, que não pretende nunca mais fazer shows para o público. A sua presença junto aos fãs será estritamente por meio das telas. Poderíamos pensar a tela como uma saída de um laço possível para esse sujeito antes isolado com os seus sintomas?

Uma releitura do gozo nos sintomas contemporâneos

O deslizamento de Daniel Johns entre os sintomas da ansiedade, crises de pânico, anorexia e adições ao álcool e às drogas nos remete aos excessos da clínica psicanalítica contemporânea, marcada pelo gozo como um direito (Gallo, 2021). Tutelados por um Outro obscuro que substitui a família, decapita os ideais e se recobre de mistérios, o que se transmite é a aniquilação e o sacrifício como a única saída digna.

A angústia na atualidade manifesta-se, com frequência, de forma massiva, afetando o corpo sem mediações, como sinal do real. Para Domenico Cosenza, na era do imperativo da imagem, o consumo do horror e do terror evidencia o traço de perversão próprio do funcionamento do discurso capitalista contemporâneo (Bocchiola, 2021).

Em *O mal-estar na cultura*, Freud (2020) traz à tona a problemática da vida social que se funda em uma espécie de renúncia do sujeito — e a um desconforto deste, frente às questões individuais em relação a sua cultura. Para ele, o que chamamos de felicidade, grosso modo, provém antes da rápida satisfação de necessidades represadas, que a depender da natureza, só é possível momentaneamente. Assim, nossas possibilidades de felicidade são limitadas pela nossa própria constituição. Para o pai da psicanálise, existem dificuldades muito menores para se experimentar o desprazer, uma vez que o sofrimento pode ser advindo de três lados: do próprio corpo (destinado à decadência e à dissolução), do mundo exterior (que pode se voltar contra nós com forças destrutivas) e das relações com outros seres humanos. O sofrimento por meio deste último talvez seja o que sentimos de forma mais dolorosa (Freud, 2020).

Todavia, para Freud (2020), a satisfação irrestrita de todas as necessidades impõe-se como a maneira mais tentadora de condução da vida, o que significa colocar o gozo antes da prudência e ser punido logo em seguida. Daniel Johns relata no episódio do YouTube o sentido de sempre se sentir culpado, como em uma necessidade de estar sempre se punindo. O que faz buscar ajuda, muitas vezes, é quando fere um terceiro, como no acidente do carro, mas quanto ao vício de estar punindo a si mesmo, ele categoriza-o como um "remédio". Um dos métodos mais crus e eficazes para exemplificar o dualismo satisfação-punição é o químico, a intoxicação. Segundo Freud, a ação das substâncias entorpecentes na luta pela felicidade, faz com que os seres humanos as agradeçam não apenas pelo ganho imediato de prazer, mas também pela porção irresistível de independência em relação ao mundo exterior. Logo, com a ajuda do "destruidor de preocupações", podemos nos ver livres rapidamente da pressão da realidade e encontrar refúgio em um mundo próprio. No caso de Daniel Johns, podemos pensar essa fuga da realidade do mundo externo onde o olhar avassalador da fama o invade e o reclui para o próprio corpo no sintoma anoréxico?

Outra forma de satisfação que os sujeitos buscam para dar conta da cultura é, para Freud (2020), a recusa radical da realidade, como faz o eremita. Ele dá as costas ao mundo, que nada tem a ver com ele, e tenta recriá-lo em seu lugar, onde os traços mais intoleráveis sejam extintos e tenham sido substituídos por outros, mais afins a seus próprios desejos. De qualquer forma, para pensarmos o mundo contemporâneo, é também preciso considerar o que Freud dizia sobre o destino dessa recusa e dessas fontes momentâneas de prazer. Enquanto o sujeito procura alcançar a independência em relação ao destino, ele desloca a satisfação para processos anímicos internos, servindo-se, para isso, da capacidade da libido de deslocar-se, sem se afastar do mundo exterior. Ou seja, ele agarra-se aos seus objetos e consegue deles extrair a felicidade onde quer que ela se apresente, desde objetos naturais e paisagens, a criações da ciência.

Os chamados novos sintomas parecem definir-se pelo caráter metafórico e enigmático que exclui a existência do inconsciente na medida em que o gozo não se insere no intercâmbio com o Outro sexo, mas configura-se como um gozo assexuado, produto da técnica e da química, facilmente adquirido no mercado social (Recalcati, 2003). Hugo Freda, lembrado por Recalcati (2003), revela que a psicanálise e a civilização atual se defrontam com uma nova forma de gozo, que não passa nem pela atividade sexual nem pelo parceiro do sexo, e expressa-se sem o suporte da fantasia. Trata-se de uma nova forma de sintoma com um gozo que podemos definir como gozo um. Esse novo estatuto do gozo desvinculado da fantasia inconsciente marca a desconexão entre o sujeito e o Outro e sublinha o declínio da função coletiva e subjetiva da estrutura do Édipo. Nesse sentido, ele reafirma a tese de Miller (2004) segundo a qual haveria uma promoção do objeto mais-de-gozar no mundo contemporâneo, na qual a bússola seria o objeto *a* e não os ideais.

A anorexia busca uma referência identificatória por parte do adolescente no campo imaginário (Lima, 2011). Na ausência das marcas simbólicas que teriam o poder de regular o gozo corporal que invade o púbere, a anorexia aparece como uma forma contemporânea de se marcar esse corpo. Assim, ela também seria um dos nomes para o vazio da significação que emerge na puberdade, e que diz respeito à identidade desses sujeitos, inclusive a identidade sexual. Para Lima (2011), a anorexia pode ser compreendida ainda, como um último recurso do sujeito para se fazer um laço social.

O declínio da imago paterna nas sociedades capitalistas e o desenvolvimento de patologias ligadas a uma separação malsucedida do objeto materno, caracterizam a busca de um gozo pleno e nostálgico que reconstitua a experiência primária de reencontro com a imago materna. É nesse cenário que se inscreve a anorexia mental, ao lado das toxicomanias e das neuroses gástricas (Lacan, 1938/2003). Para o psicanalista, a substância que faz o sujeito anoréxico gozar apresenta-se como invisível, como não objetivável, mas nem por isso menos irresistível. Segundo Lacan, o núcleo da anorexia mental não parte de uma recusa do alimento ou uma recusa de comer, mas trata-se antes, de comer o nada. Assim, se o sujeito anoréxico não mostra o objeto pulsional que o faz gozar, ele revela, de modo radical, aquilo que é desejado nas patologias de dependências: o objeto nada. Na posição de recusa, esse sujeito recusa o Outro, que atravessa as novas formas de sintoma e que adere totalmente à busca de um gozo sem o Outro, autístico, fora da significação fálica (Cosenza, 2018).

Em *Ana's Song*, onde Daniel Johns descreve a sua anorexia por meio de uma bricolagem dos significantes que lhe falavam à mente no momento mais crítico da doença, podemos perceber uma tentativa de o sujeito bordear a angústia por meio da arte. É através da cena que ele encena um possível retorno através do laço identificatório com os fãs. No clipe de *Ana's Song* fica clara essa passagem, quando Johns empurra a si mesmo em uma cadeira de rodas até um estúdio onde ele reassume os vocais da canção e literalmente se levanta do quadro "doentio" no qual a doença o colocou.

Por outro lado, nas entrevistas mais recentes, vemos um sujeito que desliza entre sintomas e adições (álcool, drogas e reclusão social), através de modalidades de gozo que funcionam como um tamponamento da angústia ou como um "remédio" para ela, como nomeou o cantor. Todavia, em uma retomada triunfal de visitar o seu passado, presente e a impossibilidade do futuro em *Past, present e Future Never*, ele parece assumir as telas como a saída possível para não desaparecer na cena do mundo mais uma vez.

Do mal-estar à Clínica do Excesso

A fragilidade de nosso corpo é uma das fontes de sofrimento para o sujeito em seu mal-estar, como localiza Freud. Não por um acaso, os sintomas que caracterizam o que Cosenza (2022) chama de "Patologias do Excesso" parecem tomar sempre o caminho do corpo. Trata-se de uma demanda silenciosa encarnada no corpo, veiculada por sintomas que assumem formas não tanto de somatizações e conversões, como nas anorexias e bulimias histéricas, que ainda têm um valor metafórico de mensagem corporificada, mas de práticas de circuito fechado de gozo corporal, desconectadas do Outro e sem sentido (Cosenza, 2020).

A passagem que marca a mudança fundamental na psicopatologia da era freudiana, em que vigorava um capitalismo clássico, para a era lacaniana, onde se encontram os primórdios do capitalismo contemporâneo, é a passagem de uma clínica da falta e do desejo, da clássica bipartição entre psicose e neurose, para uma clínica do ilimitado, do transbordamento. Nessa nova clínica, o sujeito é exposto a uma relação sem barreira simbólica com o gozo, do qual torna-se presa. A relação com o objeto investido libidinalmente tende a se tornar infinita, nunca o suficiente. A falta do objeto torna-se insuportável, seu tratamento simbólico torna-se precário, e a elaboração do luto, impraticável (Cosenza, 2022). A solução anoréxica toma, nesse sentido, o caminho de um gozo repetitivo, que não cessa, que se torna um estilo de vida para o sujeito, para proteger-se do Outro, tal qual Johns recorreu em sua adolescência para se proteger da invasão midiática que o perseguia.

O corpo, nessa nova configuração, aparece como uma incorporação do mal-estar, mas não como um enigma portador de uma mensagem do sujeito ao Outro, mas um modo de gozo sem sentido, sem portar nenhuma mensagem inconsciente. Elas não funcionam a partir de um princípio baseado na metáfora, na referência a um outro lugar, mas se afirmam na vida do sujeito como condensações de gozo ancoradas no exercício de uma série de práticas regularmente reiteradas (Cosenza, 2022). Pensar a Clínica do Excesso significa pensar o sujeito em uma relação egossintônica com o sintoma, ele não o vivencia como uma doença, mas sim como um estilo de vida; não como um problema, mas como uma solução. A solução anoréxica, nesse caso, não é fonte de mal-estar a ser desfeito, mas é uma solução que o sujeito encontra dentre as infinitas possibilidades oferecidas pelos *gadgets* contemporâneos para não ter que se haver com o mal-estar da castração, com a falta e com o desamparo da não relação sexual.

Considerações finais

Embora não seja um caso clínico tal qual se privilegia pela predominância do singular de cada solução anoréxica — que embora parta de um fenômeno social é fundamentalmente particular como solução única para cada sujeito —, os atravessamentos da narrativa de Daniel Johns sobre sua anorexia ampliam um debate sobre o sintoma anoréxico em homens de forma exemplar. Por ainda estar ativo (única e exclusivamente pelas telas), Johns encontra no contemporâneo, essa nova forma para não desaparecer. A arte como forma biográfica de inscrever o seu sintoma na cena do mundo traz uma característica particular da manifestação desse sintoma entre os homens. Na ausência de uma representatividade em espaços institucionais e até dentro da própria família (por considerar a condição anoréxica como algo do feminino), a saída pela música parece cumprir um papel importante.

Para esse sujeito, precocemente invadido pela fama e recluso em seu seio artístico, a música foi uma forma de dar um tratamento a esse sintoma. Depois de assumir publicamente o seu quadro, Daniel Johns reapareceu em seu álbum subsequente *Diorama* (2002) com uma nova versão, sofrendo de uma artrite reativa, mas assumindo-se recuperado da anorexia. A arte amplia o debate, mas será que cumpre também um papel para o sujeito anoréxico, especialmente no caso dos homens que não assumem a identidade anoréxica como as meninas fazem em redes sociais exibindo os seus corpos magros? Embora tenha deslizado em novos sintomas e ainda retrate os seus excessos e reclua-se para a tela de forma definitiva nestes últimos anos, após a publicação de *Ana's Song* em 1999, Daniel Johns retorna para cantar em sua segunda música mais autobiográfica da carreira, *After all these years*: "Após todos estes anos, se esqueça de todos os tempos difíceis", indicando que a arte vai dando novos contornos, tal como a tela o coloca na cena atual, como tentativa de não desaparecer da cena do mundo.

Referências

Apter, J. (2018). *The Book of Daniel: From Silverchair to DREAMS*. Allen & Unwin.

Bocchiola, E. (2021). Adolescenza – passaggi all'atto e suicidi in rete. Conversazione con Domenico Cosenza. *Rete Lacan*, (28). https://www.slp-cf.it/rete-lacan-n-28-23-aprile-2021-2/#art_2.

Brodsky, G. (2011). *Epidemias actuales y angustia. La Clínica Psicoanalítica*. Publicación del CIEC. Instituto del Campo Freudiano.

Cosenza, D. (2018). *A recusa na Anorexia*. Scriptum.

Cosenza, D. (2022). *Clinica dell'eccesso. Derive pulsionali e soluzioni sintomatiche nella psicopatologia contemporanea*. Franco Angeli.

Freud, S. (1996). *O mal-Estar na civilização* (Edição Standard Brasileira das Obras Psicológicas Completas de Sigmund Freud, Vol. 21). Imago. (Originalmente publicado em 1929).

Freud, S. (2020). O mal-estar na cultura. In Freud, S. *Cultura, sociedade, religião: O mal-estar na cultura e outros escritos* (pp. 305-410) (M. R. S. Moraes, Trad.). Autêntica. (Obras Incompletas de Sigmund Freud) (Trabalho original publicado em 1930).

Gallo, H. (2021). *Por qué se suicida un adolescente: passaje al acto, urgencia e acto* (1a ed.). Grama Ediciones.

Kafka, F. (1998). *Um artista da fome/A construção*. Companhia das Letras. (Texto original publicado em 1922).

Lacan, J. (2003). Os complexos familiares na formação do indivíduo. In J. Lacan. *Outros escritos* (pp. 29-90). Zahar. (Originalmente publicado em 1938).

Lima, M. (2011). Anorexia: um sintoma da puberdade. In Glauco, B., Decat de Moura, M., Borges de Carvalho, S. (Orgs.). *Psicanálise e Hospital 5 - A responsabilidade da psicanálise diante da ciência médica.* (10a ed, Vol. 5, pp. 143-168). Wak Editora.

Oseman, A. (Writer), & Euros, L. (Director). (2022). In Patrick Walters, Iain Canning, Emile Sherman, Euros Lyn, Alice Oseman, Hakan Kousetta, & Jamie Laurenson (Executive Producers), *Heartstopper*. See-Saw Films; Netflix. https://www.netflix.com/title/81059939.

Recalcati, M. (2003). *Clínica del vacío. Anorexias, dependencias, psicosis*. Síntesis Editor.

Silverchair. (2011, 6 março). *Ana's Song* (Open Fire) (Official Video) [Vídeo]. YouTube. https://www.youtube.com/watch?v=zNK_r2QAXAo.

HABITAR UM CORPO ADOLESCENTE: UM MAL-ESTAR NA CONTEMPORANEIDADE

Patricia da Silva Gomes

Em *O mal-estar na Civilização*, texto escrito em 1930, Freud escreveu que o sofrimento nos ameaça a partir de três direções. Para ele, a primeira direção é aquela proveniente do nosso corpo, que por sua mortalidade, não pode se furtar de sua decadência e sua dissolução, não abrindo mão dos seus respectivos sinais de advertência.

A segunda direção é a que se origina do mundo exterior com a sua força destrutiva e impiedosa, e a terceira é aquela oriunda das relações com outros seres humanos, considerada por Freud como a fonte mais penosa das três enumeradas. Entretanto, pode-se dizer que o corpo não é tão somente uma direção de onde provém o sofrimento, mas também o seu receptáculo, uma vez que não existimos neste mundo sem habitá-lo, e é neste habitat que as outras fontes de sofrimento podem também pedir morada.

No tempo lógico da adolescência, habitar um corpo ganha ainda um acréscimo de complexidade, é nele que o corpo é atravessado pelo excedente pulsional oriundo das alterações hormonais da puberdade, despertando novas sensações, sem que palavras suficientes para as abarcar estejam à disposição do sujeito. Se, de um lado, temos essas sensações que podem convocar o sujeito ao encontro com outro corpo, saindo do autoerotismo infantil, de outro, não há manual ou conjunto de regras que o auxiliem a buscar, sem fracassos, esse encontro. Não é incomum escutar dos jovens que eles buscam na *internet* respostas para as questões relativas ao encontro sexual. É ainda menos incomum a frustração diante dessas respostas que insistem em evidenciar um furo no saber.

É importante considerar o contexto em que vivemos para compreender essa complexificação da adolescência. Para Da Matta (2009), há uma experiência central e normativa de indivíduo na sociedade ocidental: todos são autônomos e independentes como nunca foram em outras sociedades. Em virtude dessa individualidade, o "adolescente precisa construir uma resposta própria ao que a puberdade incita e põe em xeque, já que a comunidade ou, mais amplamente, o meio social, não vêm em seu socorro" (Gomes, 2018, p. 23).

Com Lacan dizemos que o Outro é estruturalmente inconsistente. Essa inconsistência, no entanto, foi, por muito tempo, velada pelos referenciais simbólicos ordenadores da cultura, que ofereciam tanto certa consistência quanto algum tratamento ao gozo dos sujeitos, contribuindo ainda para a organização simbólica dos corpos. Em nossa sociedade, nos dias atuais, devido à queda dos referenciais e também dos grandes ideais, impulsionada pelo discurso capitalista, o véu levanta-se, exibindo a falha estrutural que deveria recobrir.

Wajcman (2011) afirma que vivemos em tempos de *desvelamento generalizado*, o que corresponde a um feito de nossa sociedade que empresta seu nome para o sintoma e para o mal-estar de nossa época. Não obstante, vivemos em uma época que não dispõe mais das bússolas dos filtros de saber da tradição da modernidade. Agora desnorteados, não sabemos mais quais direções seguir (Miller, 2004) e, muitas vezes, nem mesmo como habitar um corpo.

Os adolescentes evidenciam, de forma radical, a experiência desse desnorteamento na cultura, pois se vivemos todos como adultos desbussolados, a adolescência é o momento paradigmático do encontro marcado com a inconsistência do Outro: a criança, que o havia feito consistir, torna-se o adolescente que se vê diante do Outro, cuja inconsistência é desvelada.

O encobrimento dessa inconsistência pela criança fornece elementos para que o desvelamento dela, durante a adolescência, ocorra de maneira mais satisfatória. Na atualidade, entretanto, a criança, desde a mais tenra idade, tem que se haver com o erguer do véu. Escutamos de jovens que a ausência dos pais é, muitas vezes, concreta, demandando que assumam as rédeas da própria vida, e, não raras as vezes, em condições de precariedade econômica, social, familiar e subjetiva, o que faz com que eles se sintam completamente desamparados.

Guerra e Januzzi (2020) explicam, embasadas na teoria freudiana, que o sujeito pode experimentar diferentes modalidades de desamparo ao longo da vida, a saber: o desamparo estrutural, o desamparo radical e o desamparo generalizado. O desamparo estrutural relaciona-se ao fato de só ser possível ao sujeito se inscrever no mundo de maneira simbólica. É no campo do Outro, com os perigos que lhe são próprios, que o sujeito busca ser ou ter objetos parciais para suas exigências pulsionais.

Quanto ao desamparo radical, considera-se que habitar um corpo sexuado promove a reedição do desamparo originário e, com esta, a reivindicação de renovadas fontes e/ou novas satisfações, o que expõe o sujeito à radicalidade de seu desamparo em relação ao Outro. Por fim, o desamparo generalizado pode ser pensado como aquele que se dá quando o sujeito procura se inserir no laço social, haja vista que, nessa inserção, desejo e lugar não estão garantidos *a priori*. Diante de tal incerteza, algo pode falhar, colocando o sujeito em dificuldades em relação ao que o causa, fazendo emergir um velho conhecido: o desamparo infantil.

Para Freud, ainda no texto *O mal-estar da civilização* (1930/1974), mesmo que houvesse na modernidade uma sociedade que jurasse amparo e proteção, o sujeito ainda se encontraria com sua pequenez diante da natureza, com sua fragilidade diante da vida e com sua complexidade diante das relações humanas, revivendo o desamparo em sua vertente mais primária. Nesse sentido, as autoras advertem que "a busca por figuras e instâncias superiores, divinas, onipotentes, a identificação com elas pela via totêmica, os avanços da ciência, as substâncias intoxicantes que visam aliviar o sofrimento, nada disso apaga do sujeito o seu desamparo infantil" (Guerra & Januzzi, 2020, p. 95).

Se na modernidade havia um aceno social em relação ao amparo e à proteção dos sujeitos, na contemporaneidade assistimos ao que Rosa (2022) chama de *desamparo discursivo*. Para ela, esse tipo de desamparo ocorre pela equiparação de certos discursos sociais ao campo da cultura e da linguagem, os quais, exercendo seu poder, fragilizam as estruturas discursivas responsáveis pela circulação de valores, tradições e ideais culturais, que antes podiam resguardar os sujeitos da angústia.

Neste seguimento, o sujeito acaba por ser capturado por definições identitárias maciças e desqualificadoras, presentes nos discursos sociais hegemônicos, as quais prejudicam suas possibilidades de endereçamento ao outro e seu lugar de fala. Tal situação atualiza o desamparo e coloca em jogo tanto a dimensão traumática quanto a angústia desorganizadora, levando ao silenciamento, que, mesmo temporário, cumpre uma função protetiva diante dos desmandos das discursividades.

O desamparo estrutural, como o próprio nome já diz, atravessa a todos nós, e, para além dele, existe o desamparo radical, derivado da experiência do encontro com o real. Na atualidade, ambos podem ser potencializados pela vivência dos desamparos generalizado e discursivo. Por efeito disso, os sujeitos, com frequência, envolvem-se em condutas de risco, *arriscando* seus corpos, mutilando-os, marcando-os e oferecendo-os como um objeto ao olhar do outro, em uma busca pela experimentação de limites entre a vida e a morte e por um limiar simbólico diante do desvelamento da inconsistência do Outro.

O corpo habitável

Para o antropólogo Marcel Mauss (1950/2018), "o corpo é o primeiro e o mais natural instrumento do homem. Ou, mais exatamente, sem falar de instrumento: o primeiro e o mais natural objeto técnico, e ao mesmo tempo meio técnico, do homem, é seu corpo" (p. 15).

Em nossa sociedade, o dualismo opõe o homem ao corpo, e esse último é tomado como objeto, parte de uma construção pessoal que pode ser manipulável segundo o desejo do sujeito e/ou dentro de uma proposta de melhoramento e recuperação.

Sobre essas possibilidades de melhoramento e recuperação do corpo, vale citar o pensamento de Donna Haraway (2009). A pensadora explica que, desde o final do século XX, somos todos ciborgues. De forma bem simples, pode-se dizer que não existe em nossos dias algum corpo que não se valha de algum artefato tecnológico: desde o ventre materno, já somos objeto da ciência e da tecnologia; ao nascermos, recebemos vacinas, colocamos aparelhos nos dentes, próteses, marca-passo, pinos, parafusos nos ossos, pílula anticoncepcional, adesivos hormonais etc. Para David Le Breton (2004), são muitos os artifícios para que o corpo possa tanto modelar-se de acordo com o tempo e o espaço em que vive quanto facilitar a encenação do sujeito.

A encenação do sujeito na adolescência pode se dar a partir da marcação de seu corpo. Essa operação pode ser, para o jovem, uma forma de conquistar autonomia e se apropriar de si mesmo, tomando o corpo que fora legado pelos pais como objeto de modificação. Em nossa cultura, os cuidados com o corpo são, desde cedo, atribuídos a um outro, quase sempre pais ou cuidadores, como a troca de fraldas, o banho, a alimentação e até a nomeação das sensações corporais. São os primeiros cuidadores, também inseridos na linguagem, que nomeiam para a criança o que eles mesmos supõem sobre as sensações, os sentimentos e o universo dela. Há uma anedota popular que afirma que frio é o que a mãe sente quando sugere que a criança vista o casaco. Dito em termos psicanalíticos, o Outro materno, aquele que se ocupa dos cuidados com a criança, ocupar-se-á das primeiras inscrições do sujeito na linguagem.

Se, conforme foi citado, o corpo da criança pertence aos pais no primeiro momento, os jovens podem, por exemplo, marcar os seus corpos, e essas marcas, ao contrário, podem ser tomadas como alicerce de alguma vontade pessoal, já que, de forma oposta à existência humana, a pele pode acolher todos os significados. "A marca cutânea traduz a necessidade de completar através de uma iniciativa própria um corpo incapaz por si mesmo de encarnar um sentimento de existência propicia" (Le Breton, 2004, p. 12).

Além disso, podemos dizer que o corpo tem um lugar de interesse especial em nossa cultura. Para o discurso capitalista, ele pode se colocar tanto como mais um objeto a ser consumido quanto como um consumidor, sendo, ao mesmo tempo, produtor e produto. Como suporte de nossa existência, ele presta-se a todas as construções, elaborações e modificações, sendo também um corpo que dança, que anda de *skate*, que adoece, que ama e que goza. Entretanto a clínica atesta a dificuldade de habitar um corpo em nossos dias, revelando várias formas de sofrimento relativas a ele, especialmente para os jovens.

A linguagem que faz um corpo

É importante lembrar aqui que, mesmo não sendo um conceito, o corpo sempre esteve no centro do texto psicanalítico. Desde suas primeiras articulações, Lacan compartilhou com Freud a proposta de tomar o corpo como o lugar da castração e da partilha dos sexos no registro imaginário. Depois, em seu ensino, o corpo foi tomado pelo atravessamento do significante, em uma articulação simbólica, e, mais adiante, considerado em relação à fala e ao gozo. Os três registros entrelaçados trazem as especificidades do corpo na psicanálise lacaniana.

Não é possível falar sobre o corpo sem que o ternário real, simbólico e imaginário (R.S.I.) seja evocado. Foi no dia 8 de julho de 1953, na conferência *O simbólico, o imaginário e o real*, proferida para a Sociedade Francesa de Psicanálise, que Lacan (1953/2005a) se propôs a dizer, pela primeira vez e de forma mais organizada, algumas palavras sobre o que seriam os três registros, procurando situá-los dentro da experiência analítica, a partir da questão fundamental a respeito do que estaria em jogo na análise.

Sobre o termo *registro*, Clavurier e Guia-Menendez (2013) chamam a atenção para a escolha lacaniana da palavra *littré*, que foi traduzida para o português dessa forma, mas que, em sua língua de origem, refere-se ao "livro onde inscrevemos os atos, as questões de cada dia" (p. 126). Eles explicam ainda que *littré* também se relaciona a expressões como "fazer o registro, conservar o registro, que designam o fato de registrar e anotar", enfatizando tratar-se de uma expressão referida ao domínio da escrita, da inscrição. Assim, tomar o corpo a partir dos registros é uma forma de escrevê-lo, registrá-lo em cada uma das suas dimensões.

Lacan (1953/2005a) considera os três registros inseparáveis e formadores de uma estrutura. O simbólico designa tanto uma ordem quanto uma função, considerando que a própria psicanálise está fundamentada em uma técnica cuja eficácia se sustenta a partir da fala, simbólica por excelência. Sobre o real, Lacan precipita-se em defini-lo como aquilo que nos escapa na análise ou que, se não escapava a Freud, pelo menos era algo que ficava fora de seu alcance ou de sua possibilidade de apreensão no processo psicanalítico.

A título de introdução, Milner (2006) apresenta os registros como três suposições. Para ele, a suposição concernente ao real seria a de um gesto de corte, fundador, sem o qual as coisas não existiriam. O simbólico estaria relacionado com *lalíngua*, sem a qual a suposição nem poderia ser feita. Por fim, a suposição referente ao imaginário seria a de que existe o semelhante, e é por ela que se pode fazer laço.

Segundo Sternick (2010), após a apresentação dos três registros em 1953, Lacan adicionou novas formulações à sua leitura do corpo. No entanto, ainda que tenha ficado quase meio século se debruçando sobre esse ternário, ele privilegiou, em tempos diferentes, cada um de seus componentes. A autora afirma que de 1936 até 1953 foi o tempo do imaginário, de 1953 até 1976, o tempo do simbólico e de 1976 até 1980, o tempo do real, ainda que em 1973, vinte anos depois da conferência supracitada, Lacan (1973-1974/2018) tenha afirmado categoricamente que todos os registros são equivalentes.

Lacan (1974-1975), ainda buscando articular os três registros, formalizou, em 1974, o esquema R.S.I., que, segundo ele, era a fórmula pela qual deveriam ser lidos o real, o simbólico e o imaginário, palavras estas que têm um sentido e que são diferentes. É possível dizer que, ao tratar dos três registros, Lacan sempre o fez de forma a articulá-los, denotando a relação de dependência entre eles e a dificuldade de tratar de um sem mencionar ao menos um outro. Se na conferência de 1953 ele posiciona os registros nos vértices de um triângulo, em 1973, a partir da utilização do nó borromeu, ele estabelece, ainda com mais força, a inter-relação existente deles e sua equivalência, enodando-os de modo que, se um deles for separado dos demais, os elos restantes se desamarram.

Logo no início do *Seminário XXII*, Lacan (1974-1975), ao introduzir os três registros, afirma que o real é *o impensável* e que, embora tenha partido de três termos que carregam consigo um sentido, a própria psicanálise opera visando a reduzi-lo. Quanto ao simbólico, ele ressalta que é sobre este que o inconsciente se sustenta, apoiado no equívoco, e não no sentido. Para Lacan, o equívoco não é o sentido. O sentido é aquilo porque alguma coisa responde, é diferente do simbólico, e esta alguma coisa, não há meio de suportá-la senão a partir do imaginário. Para tratar do imaginário, faz-se necessário falar do estádio do espelho.

Lacan (1949/1998) afirma que o estádio do espelho é uma operação que se estende até os 18 meses, a qual revela o dinamismo da libido e consiste em uma identificação a uma imagem, que produz no ser uma transformação. Nesse processo, experimenta-se a assunção da imagem, que ele qualifica como jubilatória, que se configura como a matriz pela qual o *eu* assume uma forma primeira, antes do movimento dialético da identificação com o outro e antes do atravessamento da linguagem que faz dele um sujeito.

Na categoria do imaginário, Lacan incluiu os fenômenos da formação do *eu*, a partir de suas elaborações do estádio do espelho, que se mostram determinantes para a constituição do corpo imaginário. Nesse processo, organiza-se a matriz constitutiva do *eu*, bem como a do pequeno outro, o duplo-imaginário, e assiste-se à assunção da imagem, que leva à constituição da realidade (Machado, 2010). Na categoria do simbólico, foram introduzidos os elementos baseados em Lévi-Strauss, como a noção de estruturas elementares de parentesco, a qual implica a passagem do matriarcado para o parentesco, trazendo para o centro do debate a "função simbólica" como princípio organizador ou ordenador do sujeito.

Radiofonia, entrevista concedida por Lacan em 1970, traz em sua transcrição elementos fundamentais para tratar das incidências do simbólico dispostas no ensino lacaniano. Nela, Lacan (1970/2003a) fala do *corpo do simbólico*, corpo que só existe como tal graças à linguagem. Conforme Soler (2019), há uma dupla entrada da linguagem na obra lacaniana, uma vez que "o corpo habita a fala que habita o corpo; ele habita a linguagem, mas é também por ela habitado" (p. 41). A linguagem pode ser considerada, ao mesmo tempo, dentro e fora ou nem dentro nem fora.

Assim, para Lacan, há um ser que se apoia no corpo e outro corpo, o da linguagem, a ser incorporado ao primeiro. Esse corpo incorpóreo, anterior ao sujeito, segue marcando o corpo, corporificando-o. Essa marcação é responsável pela negativação da carne, separando-a do corpo e este de seu gozo, deixando um resto irredutível: o objeto *a*. O corpo, a partir do significante, é que se torna o leito do Outro (Lacan, 1968[1967]/2003b), mas um leito desertificado pela elevação das águas superiores das nuvens do gozo, que, com seus raios, redistribuem carne e corpo (Lacan, 1970/2003a).

Logo, o corpo, até aqui, é um corpo imaginário, que se constitui pela experiência especular, assim como um corpo simbólico, que se faz pela incorporação do incorpóreo da linguagem. Mas ambas as concepções, além de estarem sob os auspícios do Outro, estruturalmente inconsistente, fazem emergir o objeto *a*. Na imagem do espelho, há a presença de uma ausência, a presença de uma falta que se deixa entrever e que põe em seu lugar esse objeto. Na marcação do corpo pelo significante, há um resto inassimilável, que, afastando-o do gozo, aparelha-o a gozar.

Em *A terceira*, Lacan (1974/2021) dá um passo adiante, derivando da relação da imagem com o corpo a questão do gozo e da linguagem, afirmando que o sujeito passa do *ter um corpo* para *ser um corpo falante* ou um *falasser*. Se "o corpo se introduz na economia do gozo pela imagem" (p. 37), é pela via do imaginário que o homem estabelece com ele uma relação. Essa subserviência à imagem está, de certo modo, concernida ao real. A prematuração do sujeito, que se apresenta no descompasso entre corpo e imagem, é o que produz uma antecipação da maturação corporal.

Logo, "que o homem goste tanto de olhar sua imagem, aí está, resta apenas dizer: 'É assim'" (p. 38). Desse modo, para tratar do sujeito enquanto corpo que fala e goza, Lacan enoda os três registros e coloca, "encurralado" entre eles, o objeto *a*, responsável por condensar o gozo do corpo que se dá como efeito da fala (Miller, 2021).

Lacan (1974/2021), ainda em *A terceira*, afirma que o real do qual se goza é desenlaçado do corpo, mantendo o gozo opaco, embora relacionado aos objetos, dentre eles, o objeto *a*. Para Miller (2021), Lacan explica que, se a língua é viva, conforme frisam os linguistas, *alíngua* é aquela que, embora feita pelo corpo vivo, mortifica o gozo do corpo, recalcando-o nas zonas erógenas e colocando-o no objeto *a*. No *Seminário XVI*, Lacan (1968-1969/2008a) afirma que é porque fala que o ser humano está ferrado. Miller (2021) complementa-o, dizendo que é pelo fato de o corpo ser falante que o gozo se torna opaco, excessivo. Para ele, "no ser humano, ou *falasser*, o gozo é sempre um sintoma do corpo, como um real: não está tudo bem. O gozo vem por acréscimo: como diz Lacan, é um mais de gozar" (p. 70).

Para Lacan (1974/2021), é em *lalíngua* que a interpretação faz seu trabalho, mesmo que o inconsciente seja estruturado como uma linguagem. Há, para ele, em *lalíngua* um sedimento, algo que se decanta, fruto da experiência inconsciente. O inconsciente, assim, consiste em um saber que se articula a partir de *lalíngua*. O corpo que aí fala só está enlaçado pelo real do qual "se goza". O corpo torna-se, desse modo, a sede de *lalíngua*; é com ela que a linguagem faz falar e gozar um corpo. No *Seminário XX*, Lacan (1972-1973/2008b), ao escrever sobre a impossibilidade da relação sexual, lembra que, se esta não existe, o que existe são os corpos falantes que sonham com um mundo do ser cheio de saber, embora não exista sujeito conhecedor, só uma fantasia quanto ao conhecimento.

Um corpo adolescente e o seu mal-estar

Se o sujeito é mergulhado na opacidade do desconhecimento sobre seu gozo, esse desconhecimento se evidencia na adolescência. Se o gozo mortifica, a pulsão mantém o corpo vivo. Entretanto o excedente pulsional pubertário carece de significantes. Ora, não há no arcabouço de linguagem do Outro elementos para dar conta dele, e, por isso, o jovem, ao não encontrar no simbólico algo que ratifique o corpo como seu, pode ficar reduzido a esse estranho, sentindo-se um desalojado, um estrangeiro, sendo completamente tomado pelo estranhamento.

Essa experiência de estranhamento com o corpo, traz consigo a angústia e o sentimento de vazio, dados pela ausência de significantes e produz um sentimento de vergonha provocado por caracteres sexuais próprios da puberdade: os *amuros*, tais como signos *vindos do além*. Lacan explica-nos:

> O amuro é o que aparece em signos bizarros no corpo. São esses caracteres sexuais que vem do além, desse local que temos acreditado podermos ocular no microscópio sob a forma de germe — a respeito do qual farei vocês notarem que não se pode dizer que seja a vida, pois aquilo também porta a morte, a morte do corpo, por repeti-lo. (Lacan, 1972-1973/2008b, p. 12).

Parece fácil remeter esse estranhamento, desse algo que parece advindo do além, ao infamiliar freudiano. Esclarecendo melhor, o infamiliar, ou *das*

Unheimlich, segundo Iannini e Tavares (2019), é, ao mesmo tempo, uma palavra e um conceito, os quais dão nome tanto ao texto quanto a um sentimento capaz de aterrorizar. Com o conto de Hoffman, *O homem de areia*, dentre outras elaborações, Freud estabelece uma relação entre o complexo de castração e a infamiliaridade, e Lacan ao dar um passo adiante, formula questões relativas ao estudo da angústia.

Para Lacan (1962-1963/2005b), a angústia, é o que precipita o *Heimlich*[18] e não é sem objeto. Para Viola e Vorcaro (2009), a angústia pode não estar presente para encobrir o real, mas sim, para escancará-lo, como um rasgo na tela que se abre para ele. Dessa fresta, algo pode saltar para dentro da cena, como o *Heim* mencionado por Lacan. Esse *Heim* traz consigo a ambiguidade de ser, em um só tempo, o mais próximo e o mais desconhecido e velado.

A adolescência pode precipitar esse rasgo na tela. O corpo púbere conserva essa peculiaridade: mesmo sendo próximo, ele apresenta-se enigmático e, por vezes, desconfortável. Fica difícil habitar esse corpo. Não é incomum observar a dificuldade dos jovens com os cuidados de higiene pessoal, seja por estes se mostrarem excessivos ou mesmo faltosos. Além disso, eles manifestam algo como uma perda da noção do tamanho do próprio corpo, chocando-se contra o espaço, sem contar com o caráter intrusivo que a excitação sexual parece adquirir.

Esse corpo que parece desconfortável ainda é um corpo suscetível ao olhar. O sujeito pode experimentar a vergonha, uma vez que ele se sente olhado a partir de um olhar supostamente encontrado no mundo, que mesmo sem estar sendo visto, o jovem imagina no campo do Outro, enquadrando os seus signos bizarros, seus amuros, que se colocam do lado do sem sentido. Assim, a vergonha, reafirma a presença do objeto *a*, por ser o olhar um dos objetos da pulsão lacanianos.

Lembramos que no *Seminário XI*, Lacan (1964/1985) separa o olho do olhar e coloca este último entre os objetos pulsionais, relacionando-o ao nível do desejo do Outro, em uma relação de engano. Para ele, é a partir do objeto olhar que "o sujeito se apresenta como o que ele não é o que se dá pra ver, não é o que ele quer ver" (p. 105). Pode-se dizer que, nessa relação de logro, o que está em jogo é o que se busca encobrir: um ponto cego que é dado pela falta que, sendo da ordem do real, não é especularizável, mas está lá.

[18] Neste aspecto particular, *familiar* assemelha-se bastante ao alemão *heimlich*, que designa algo bastante familiar, mas que pode abrigar seu sentido antitético. O *unheimlich* é uma negação que se sobrepõe ao *heimlich*, apreendido tanto positiva quanto negativamente: é, portanto, uma reduplicação dessa negação, que acentua seu caráter angustiante e assustador (Iannini & Tavares, 2019).

O olhar é aquilo que, a partir da visão (olho), escapa e se transmite, sendo sempre elidido. Há um olhar que nos discerne, que nos mantém olhados, sem que isso nos seja mostrado. Ora, não vemos o olho que nos olha. Nas palavras de Lacan, "o mundo é *onivoyeur*, mas não é exibicionista" (p. 78).

O olhar é objeto perigoso, sem o qual, no entanto, não há angústia (Lacan, 1962-1963/2005b). Há que se perguntar sobre esse caráter perigoso do olhar e destacar, com Lacan (1964/1985), a partir do *Seminário XI*, que, no espetáculo do mundo, "eu só vejo de um ponto, mas em minha existência sou olhado de toda a parte" (p. 76). O perigo ronda a todos e a angústia convoca o sujeito, há um real impossível ao qual não se tem acesso, e na adolescência, o corpo púbere, com sua estrangeiridade, pode fazer com que a própria voz ou mesmo o olhar do outro retornem como signos do enigma que barra o sujeito na representação de seu corpo (Costa, 2014).

Quanto a isto, há outra dificuldade: o corpo é inscrito em uma superfície sem correlato subjetivo e, dessa forma, é produzido como ausência em um furo. Essa inscrição não é sem efeitos: o sujeito permanece tentando não se ausentar, buscando ver-se, querendo captar novamente seu desaparecimento, inventando rituais que alimentem seus roteiros de gozo, demarcando a relação de si com a própria imagem. Entretanto esses roteiros são marcados sempre pelo equívoco, uma vez que o corpo não consegue acolher o gozo em um lugar estável, lugar de S(Ⱥ) que, segundo Lacan (1972-1973/2008b), é um lugar que "não se aguenta" (p. 34).

Assim, assistimos a muitas formas de sofrimento que têm o corpo como substrato, muitas delas têm sua origem nos impasses do jovem com o seu corpo púbere, tempo do encontro com o real e, em um contexto de fragilidade simbólica decorrente do desvelamento da inconsistência do Outro.

Para López (2020), diante da emergência do real, os adolescentes buscam algum recurso que lhes permita fazer um remendo para o véu, recobrindo o furo que os interroga como seres sexuados. Quando não conseguem fazer esse remendo, há uma vacilação da fantasia que traz consigo a dimensão do real, exibindo a angústia no exato lugar onde haveria de não ter nada. Esse encontro com a angústia e seu objeto pode levar à passagem ao ato e ao *acting out*.

A clínica atesta a presença de várias condutas praticadas pelos jovens de modo a colocar o seu corpo em risco. Escutamos muitos relatos de jovens que se cortam, que fazem uso abusivo de drogas ilícitas e álcool, que se envolvem em situações de violência etc. Tais condutas podem muitas vezes serem tomadas como um *acting out* ou até como uma passagem ao ato em casos mais graves.

Entretanto tal proposição deve levar em conta a singularidade de cada caso e considerar as definições de ambas as noções, propostas por Lacan no *Seminário X*.

Nesse seminário, ele explica que, no *acting out*, temos alguma coisa que se faz aparecer — uma demonstração direcionada ao Outro e, ao mesmo tempo, velada para o sujeito que atua. "O essencial do que é mostrado é esse resto, é sua queda, é o que sobra da história" (Lacan, 1962-1963/2005b, p. 139).

Logo, entre o sujeito e o Outro, surge o resto, a libra de carne, mas, mesmo com esse inapreensível, o *acting out* pode ser lido e tratado como um enigma, como um sintoma passível de interpretação. Na passagem ao ato, por sua vez, o sujeito é apagado ao máximo pela barra, e, no auge de seu embaraço, ele busca se retirar, livrando-se da emoção e precipitando-se em uma fuga da cena para o mundo, e para um mundo onde o real se comprime. Reconhecemos muitas vezes, na passagem ao ato, algo da ordem de uma decisão radical e, simultaneamente, tanto uma identificação total do sujeito com o objeto quanto uma busca de se separar do Outro.

Mesmo considerando que tais manifestações possam ser direcionadas ao Outro, como no caso do *acting out*, ou que elas componham uma tentativa de se separar dele, como na passagem ao ato, o Outro é estruturalmente inconsistente.

Conforme mencionamos, a questão mais importante reside na ausência de um véu que recubra isso, principalmente no tempo da adolescência. Assim, com a ascensão do objeto *a* ao zênite social, o corpo toma um lugar privilegiado nas relações dos sujeitos, sem, contudo, contar com narrativas sociais que possam conferir certa organização simbólica a ele, como em outros tempos. Dessa forma, recai sobre o corpo as formas mais solitárias de gozo e com elas, muitas formas de sofrer e de adoecer. Assim, se os jovens não podem mais contar com as ferramentas que o saber coletivo poderia emprestar, eles podem se valer daquilo que têm à mão: o seu próprio corpo, os seus gadgets e por que não, os seus semelhantes. E aqui lembramos, mesmo que a relação com outro seja uma das fontes de sofrimento humano enumeradas por Freud, é também nessa relação que o jovem pode encontrar outras formas de tratamento para os seus adoecimentos.

Referências

Clavurier, V. & Guia-Menendez, E. R. M. (2013). Real, simbólico, imaginário: da referência ao nó. *Estudos de Psicanálise*, (39), 125-136.

Costa, A. (2014). *Tatuagens e marcas corporais*. Casa do Psicólogo.

Da Matta, R. (2009). Individualidade e liminaridade: considerações sobre os ritos de passagem e a modernidade. *Mana*, 6(1), 7-29. https://doi.org/10.1590/S0104-93132000000100001.

Freud, S. (1974). O mal-estar na civilização. In J. Strachey (Ed.). *Edição* standard *brasileira das obras psicológicas completas de Sigmund Freud* (C. M. Oiticica & V. Ribeiro, Trads.; Vol. 21, pp. 75-174). Imago. (Trabalho original produzido em 1930).

Freud, S. (2019). O infamiliar [*Das Unheimliche*]. In G. Iannini (Ed.). *Obras incompletas de Sigmund Freud* (E. Chaves, & P. H. Tavares, Trads.; Vol. 8, pp. 27-126). Autêntica. (Trabalho original publicado em 1919).

Gomes, P. S. (2018). *Adolescentes e internet: o risco como aposta* (Dissertação de mestrado, Universidade Federal de Minas Gerais, Belo Horizonte). Repositório Institucional da UFMG. https://repositorio.ufmg.br/handle/1843/BUOS-B77EZ7.

Guerra, A. M. C., & Januzzi, M. E. (2020). Vulnerabilidade social e as modalidades do desamparo em Freud: desamparo estrutural, radical e generalizado. *aSEPHallus*, 15(30), 80-100.

Haraway, D. (2009). *Manifesto ciborgue em antropologia do ciborgue: as vertigens do pós-humano*. Autêntica.

Iannini, G., & Tavares, P. H. (2019). Freud e O infamiliar. In G. Iannini (Ed.). *Obras incompletas de Sigmund Freud* (E. Chaves & P. H. Tavares, Trads.; Vol. 8, pp. 7-26). Autêntica.

Lacan, J. (1974-1975). *R.S.I.* http://staferla.free.fr/S22/S22.htm.

Lacan, J. (1985). *O seminário: Liv. 11. Os quatro conceitos fundamentais da psicanálise* (J.-A. Miller, Ed., & M. D. Magno, Trad.; 2ª ed.). Zahar. (Trabalho original produzido em 1964).

Lacan, J. (1998). O estádio do espelho como formador da função do *eu* tal como nos é revelada na experiência psicanalítica. In Lacan, J. *Escritos* (V. Ribeiro, Trad.; pp. 96-103). Zahar. (Trabalho original publicado em 1949).

Lacan, J. (2003b). Alocução sobre as psicoses da criança. In Lacan, J. *Outros escritos* (V. Ribeiro, Trad.; pp. 359-368). Zahar. (Trabalho original produzido em 1967 e publicado em 1968).

Lacan, J. (2003a). Radiofonia. In Lacan, J. *Outros escritos* (V. Ribeiro, Trad.; pp. 400-447). Zahar. (Trabalho original publicado em 1970).

Lacan, J. (2005b). *O seminário: Liv. 10. A angústia* (J.-A. Miller, Ed., & V. Ribeiro, Trad.). Zahar. (Trabalho original produzido entre 1962 e 1963).

Lacan, J. (2005a). O simbólico, o imaginário e o real. In Lacan, J. *Nomes-do-Pai* (A. Telles, Trad.; pp. 9-54). Zahar. (Trabalho original produzido em 1953).

Lacan, J. (2008a). *O seminário: Liv. 16. De um Outro ao outro* (J.-A. Miller, Ed., & V. Ribeiro, Trad.). Zahar. (Trabalho original produzido entre 1968 e 1969).

Lacan, J. (2008b). *O seminário: Liv. 20. Mais, ainda* (J.-A. Miller, Ed., & M. D. Magno, Trad.). Zahar. (Trabalho original produzido entre 1972 e 1973).

Lacan, J. (2021). A terceira. In J. A. Miller. *A terceira/Teoria de lalíngua* (T. N. M. Prado, Trad.). Zahar. (Trabalho original produzido em 1974).

Le Breton, D. (2004) *Sinais da identidade: tatuagens, piercings e outras marcas corporais*. Miosótis.

López, G. (2020). *Adoles(seres): la orientación a lo real en la clínica psicoanalítica con adolescentes*. Grama Ediciones.

Machado, Z. (2010). O inconsciente e o corpo. *Stylus*, (20), 107-115. https://doi.org/10.31683/stylus.vi20.844.

Mauss, M. (2018). *As técnicas do corpo: sociologia e antropologia*. Ubu.

Miller, J.-A. (2004). Uma fantasia (V. A. Ribeiro, Trad.). *Opção Lacaniana*, (42), 7-18.

Miller, J.-A. (2021). *Teoria de lalíngua* (T. N. M. Prado, Trad.). Zahar.

Milner, J.-C. (2006). *Os nomes indistintos*. Companhia de Freud.

Rosa, M. D. (2022). Sofrimento sociopolítico, silenciamento e a clínica psicanalítica. *Psicologia: Ciência e Profissão*, 42. https://doi.org/10.1590/1982-3703003242179.

Soler, C. (2019). *O em-corpo do sujeito: seminário 2001–2002*. Editora Agalma.

Sternick, M. V. C. (2010). A imagem do corpo em Lacan. *Reverso*, 32(59), 31-37.

Viola, D. T. D., & Vorcaro, A. M. R. (2009). A formulação do objeto *a* a partir da teorização lacaniana acerca da angústia. *Subjetividades*, 9(3), 867-903.

Wajcman, G. (2011). *El ojo absoluto* (I. M. Agoff, Trad.). Manantial.

Seção 3

AS AMEAÇAS DECORRENTES DAS INTEMPÉRIES NATURAIS

CORPO E CIDADE: A PANDEMIA DA COVID-19 E A ADOLESCÊNCIA ENTRE QUATRO PAREDES

Helena Greco Lisita

Em nossa prática clínica, escutamos, com frequência, adolescentes dizerem: "é melhor ficar na internet do que sair porque na rua todo mundo dá notícia da vida de todo mundo, então é melhor fazer amigos pela internet"; "quando fico sem celular fico no tédio, não sei como as pessoas viviam sem internet! O que elas faziam para passar o tempo?"; "a gente não fica na rua mais não, a gente agora cresceu, ficar na rua é coisa de criança". Há aqueles que acreditam que "a vida na internet é mais segura", pois "lá fora só tem perigo" e ainda os que afirmam ficar "sem lugar" quando estão desconectados, pois têm a sensação de que estão "perdendo alguma coisa". Parece ser mais fácil circular no espaço *online,* pois ali "dá para desconectar quando quiser" e, assim, evitar (ou pelo menos, adiar) confrontos e mal-estar.

Esses apontamentos dos adolescentes nos fazem pensar a relação que estabelecem com o tempo e o espaço a partir da instauração massiva do digital na cultura. Partimos do pressuposto de que a cultura digital altera de forma significativa a relação dos sujeitos com o tempo e o espaço. A virtualidade inaugura uma nova maneira dos sujeitos se relacionarem: as distâncias são encurtadas, os espaços de interação ampliados, e o corpo, em sua materialidade, assume uma nova dimensão, uma vez que o espaço virtual afasta ou evita o encontro entre os corpos. Os adolescentes, especialmente, vivem hiperconectados, bombardeados de informações e ofertas de objetos mais-de-gozar. Dessa forma, estabelecem novas conexões com o espaço e com o tempo, bem como com seus corpos, e o habitado.

Essas alterações espaço-temporais têm implicações nas formas de se habitar o próprio corpo, bem como o espaço geográfico e subjetivo. Cada sociedade, a partir de seus diversos modos de produção, produz um espaço, o *seu* espaço (Lefebvre, 2006). Sendo assim, a questão que nos colocamos seria: como se dá a produção do espaço habitado a partir dos atravessamentos do digital? Como os sujeitos se relacionam com as cidades na era digital, considerando, sobretudo, que não há relação possível do *falasser* com a cidade sem o corpo?

Espaço e tempo, para além de suas formas e funções, são carregados de sentidos e afetos. São noções, operadores lógicos, que permitem ao sujeito se enlaçar ao próprio corpo, aos outros e aos espaços habitáveis. Pensando com Lefebvre (2006), podemos inferir que espaço e tempo não existem em si mesmos, são produzidos socialmente e, dessa forma, não são apenas relacionais, mas fundamentalmente históricos. Assim, tempo e espaço só podem ser compreendidos no contexto de uma sociedade específica. Pode-se pensar, portanto, que a organização do espaço habitado estampa, de alguma forma, os modos de subjetivação daqueles que ali vivem (Soja, 1990).

As modificações na sociedade vêm interferindo na constituição do sujeito, sobretudo o sujeito adolescente, deflagrando novas formas de expressão do mal-estar. Os avanços tecnológicos, em consonância com o avanço do capitalismo e os processos políticos de globalização, instauram a lógica da universalização com implicações subjetivas.

A vivência do distanciamento social e do afastamento do espaço da cidade durante o período da pandemia da covid-19 nos traz elementos importantes para pensarmos a relação entre corpo, cidade e subjetividade.

"É muita coisa para uma cabeça ainda pequena"

Essa frase foi extraída de uma sessão com um adolescente de 15 anos, que aqui chamaremos de André. "É muita coisa para uma cabeça ainda pequena", disse ele ao se referir aos muitos desafios encontrados a partir do afastamento social imposto pela pandemia da covid-19. Essa frase explicita o quanto os jovens se encontraram sem recursos simbólicos para vivenciar a adolescência em um momento desprovido de elementos norteadores e necessários para a construção adolescente.

Sabemos que a internet tomou a cena nesse momento da pandemia. A virtualidade passou a ser a única possibilidade de interação, uma vez que fomos forçados a ficar em distanciamento social por longos meses. Os adolescentes, especialmente, foram muito afetados por esse isolamento e seus desdobramentos. Sem aviso prévio, ficaram privados do espaço da escola e tiveram que construir uma nova relação com as aulas *online*, e consequentemente com os colegas. As interações sociais ficaram comprometidas e passaram a ser, necessariamente, intermediadas por uma tela. A privacidade e o movimento de separação dos pais, tão importantes nesse tempo lógico da adolescência, ficaram igualmente comprometidos.

A pandemia interferiu de forma drástica não apenas nas relações sociais, como na relação estabelecida com o próprio corpo, com o espaço habitado e com o tempo que, para muitos, ficou "em suspenso", bem como explicitou André: "eu não consigo fazer nada, nem programar nada, sinto que roubaram quase dois anos da minha adolescência e esse tempo não volta mais".

Ana, outra paciente atendida em consultório, relatou a dificuldade em se mostrar na câmera durante as aulas *online* ou em chamadas de vídeo com os amigos. Ficava o tempo todo com a câmera desligada, "na chamada de vídeo é diferente, eu não sei bem como estão me olhando. E eu fico me vendo o tempo todo na chamada também, dá muita aflição, eu fico me reparando o tempo todo. Ao vivo é diferente, né? A gente não se vê, a gente sabe para onde a outra pessoa está olhando e não é só a nossa cara que aparece", explica ela. Laura, por sua vez, conta que fica olhando para fotos de quando era mais nova, tiradas antes do período da pandemia, e não se reconhece: "Eu era muito diferente! Tudo mudou em mim. Eu estou maior, mais gorda. Não sei como vai ser voltar para a aula e encontrar os colegas.... Vou me sentir mal. Se eu me acho estranha agora, imagina eles que não me veem há tanto tempo? Não quero nunca mais tirar a máscara, eu me sinto melhor com ela, as pessoas não conseguem ver o meu nariz feio e as minhas espinhas. Ao vivo não dá para usar filtro como a gente usa na internet".

Durante a pandemia, tivemos a oportunidade de conduzir uma conversação *online* com alunos de uma escola pública de Belo Horizonte[19]. A direção da escola, preocupada com a situação dos alunos afastados do ambiente escolar, demandou um trabalho com os alunos do Ensino Médio. Até aquele momento, a escola não tinha dado início ao ensino remoto. Pensamos, então, em oferecer encontros virtuais para os adolescentes.

Sabíamos que a forma como estávamos acostumados a trabalhar teria que ser revista. *Telas de conversa* foi o nome dado ao projeto de escuta *online*, já que não sabíamos se essa experiência poderia ser nomeada como conversação. Como o próprio nome indica, teríamos pela frente o desafio de conduzir conversações mediadas pela tela de um dispositivo eletrônico. A questão da presença do corpo, em sua materialidade, tornou-se, talvez, o maior motivo de preocupação. Ficaria comprometida a transferência tão necessária para a continuidade do trabalho? Como se daria a interação com os adolescentes?

[19] A conversação mencionada foi realizada através do Laboratório Além da Tela: Psicanálise e Cultura Digital, vinculado ao PPG em Psicologia da UFMG, que em sua vertente de extensão utiliza a metodologia de conversação psicanalítica para intervir junto a adolescentes de escolas públicas e particulares de BH.

Para nossa surpresa, os encontros *online* funcionaram bem. Encontramos os adolescentes extremamente angustiados com a emergência da pandemia e seus desdobramentos. Ao longo dos cinco encontros com esses alunos, alguns pontos se destacaram: a falta que sentiam do ambiente da escola, a dificuldade em lidar com a presença massiva dos pais, a falta de encontrar presencialmente os amigos e o desamparo.

À medida que os encontros foram acontecendo, as queixas coletivas foram dando lugar às soluções individuais. Diante da impossibilidade de retomar as atividades na escola, os adolescentes passam a falar sobre o que é possível fazer em casa. A conversação permite a aproximação dos jovens a partir de interesses comuns, mas também dá lugar às diferenças individuais. Se o isolamento social inicialmente parecia insuportável, a possibilidade de falar e de ser escutado confere certo apaziguamento à angústia.

Os adolescentes passam a falar sobre o que sentem falta com a interrupção das atividades na escola. Léo[20] conta que sente muita falta de circular pelos arredores: "A escola fica num lugar bem diferente do bairro onde moro. Morei muito tempo no interior. Não conheço muita coisa de Belo Horizonte e lá passei a conhecer um monte de lugares e pessoas. Sinto falta dos encontros depois da aula, dos almoços com os colegas". Pedro diz que ao começar a ir sozinho de ônibus para a escola, também conheceu muitos lugares da cidade que não conhecia. "Às vezes na volta da escola eu pegava outro ônibus só pra ficar rodando pela cidade. Eu gosto muito, é um momento que eu paro para pensar, para prestar atenção nas ruas, nas coisas da cidade". Léo completa: "verdade, eu sinto tanta falta de tudo, até do ônibus lotado eu tô com saudade!".

Os jovens, acompanhados em análise ou escutados em experiências de conversação durante o período da pandemia, mostraram-se muito angustiados. Enquanto alguns se queixavam de solidão, da falta da escola e dos espaços públicos, da interação com os colegas e professores, outros se angustiavam diante da presença invasiva dos pais e da dificuldade de mostrar seus corpos na tela dos dispositivos eletrônicos.

Lacan (1975-1976/2007) aponta para o inexorável sentimento de inadequação do sujeito em relação a seu corpo, uma relação sempre imperfeita, pois o corpo tem furos. Dessa forma, segundo a psicanálise, o corpo tem caráter experimental (Miller, 2001), comporta a ilusão de completude

---

[20] Os nomes aqui citados são fictícios, a fim de manter o sigilo profissional, preservando os sujeitos envolvidos no trabalho.

diante da imagem. Ao mesmo tempo, é atravessado pela linguagem, que aloja a fala e experimenta o gozo, inscrevendo-o numa superfície, sem correlato subjetivo. Posto isto, o sujeito é produzido como furo, como ausência. Ele tenta aproximar-se do gozo a partir de um objeto, mas essa tentativa é sempre marcada pelo equívoco, já que o corpo não dispõe de um lugar estável para acolher o gozo.

Essa dimensão estrangeira do corpo se acentua na adolescência, diante das transformações trazidas pela puberdade e pelo processo psíquico de adolescer. O que fazer com o corpo? Essa questão se coloca de forma ostensiva nesse momento da vida, mas, sobretudo nos dias de hoje, em que as normas de outrora parecem, muitas vezes, deixar o corpo de lado, desalojado, sendo regulado mais pelos parâmetros científicos e estéticos do que pela linguagem. Se em outros tempos os ideais organizavam a cultura, hoje os referenciais simbólicos encontram-se instáveis, pulverizados e associados a um contexto crescente de massificação, com consequências subjetivas evidentes.

No texto *Televisão*, Lacan (1973/2003) enfatiza que o corpo habitado pela linguagem é também lugar dos afetos, "o afeto vem a um corpo cuja propriedade seria habitar a linguagem" (p. 526). Mais à frente, nesse mesmo texto, ele destaca o tédio e a morosidade como afetos presentes nos jovens. Foi possível perceber em nossa experiência clínica, que esses afetos se tornaram ainda mais presentes mediante o isolamento dos corpos e o uso cada vez mais intenso da tecnologia, que se tornou a única opção de interação e entretenimento.

Esses jovens destacam que a substituição massiva do presencial pelo virtual envolve perdas. A imagem reproduzida numa tela plana, bidimensional, não capta todo o colorido pulsional que se transmite no encontro corpo a corpo. No confinamento de suas casas, sem a confrontação dos corpos, os jovens, imersos na tela e sobrecarregados de atividades *online*, queixam-se do corpo cansado, da dispersão e do desinteresse pelas aulas virtuais.

A vivência da pandemia colocou a prova a relação dos sujeitos com a tecnologia. Os adolescentes, ainda que familiarizados com o uso de dispositivos eletrônicos, viram-se diante de um novo contexto no qual a tecnologia se impôs como única alternativa de interação com o outro. Assim, se o espaço virtual pode ser pensado como um Outro onipotente, onipresente, onisciente, um lugar onde a falta é tamponada pelo excesso de imagens, informações, estímulos visuais e auditivos, os adolescentes mostram-nos que a internet e suas redes sociais são insuficientes para o trabalho subjetivo da adolescência. Essa insuficiência é deflagrada, especialmente, no momento em que a relação estabelecida com o próprio corpo e entre os corpos e com o espaço urbano não encontra mais ancoragens na materialidade dos espaços.

As cidades digitais

Um ponto importante deve ser considerado nesta discussão: é na cidade que os elementos que constituem uma sociedade se fazem presentes e se entrelaçam. Esse fato Lefebvre já denunciava nos anos 1970, ao discutir os efeitos do capitalismo na produção de um espaço abstrato, no qual está contida a lógica da mercadoria e a potência do dinheiro e que desfaz a ideia de cidade como lugar do sujeito da história.

Assim, ações de empresas de tecnologia, as leis e movimentos do mercado de consumo, as *dark datas*[21], tudo se encontra ali, no espaço da cidade, transformando o espaço público, em tese construído para a interação humana, em um grande laboratório para negócios submetidos à lógica do capitalismo de vigilância (Zuboff, 2021).

Na lógica imposta pela cultura digital, as fronteiras entre o espaço digital e o espaço concreto, material, encontram-se cada vez mais frágeis e difusas. *Online* e *off-line* misturam-se e retroalimentam-se de forma intrincada e indissociável. A realidade digital vem crescendo e ocupando um grande espaço nas atividades mais corriqueiras e familiares do cotidiano, de modo que nem sempre é perceptível esse enlaçamento e nem mesmo temos tempo para elaborar seus impactos. Se, por um lado, celebramos o mundo conectado, globalizado e todas as perspectivas e oportunidades que ele nos traz, por outro, nos vemos diante de um território desconhecido, pouco regulado e previsível. Tal fato, como aponta Zuboff (2021), gera novos territórios de ansiedade, perigo e violência.

O filósofo e sociólogo alemão Walter Benjamin (1936/1987a) no início do século passado já chamava atenção para uma lógica que vinha sendo instaurada, em relação ao tempo e ao espaço, que levava a uma vivência esvaziada de pertencimento. Ao falar sobre a pobreza de experiência que acometia os sujeitos nas grandes metrópoles do início do século XX, Benjamin alerta-nos sobre a instauração de uma barbárie que desconsidera a

---

[21] *"Dark data"* é a expressão usada para se referir a dados desconhecidos por uma determinada empresa: informações comerciais e judiciais, coletadas, processadas e armazenadas durante atividades regulares, mas que não são usadas para outros fins.

interioridade, a singularidade das coisas. O autor aponta, assim, a instauração de uma cultura que recusa "a imagem do homem tradicional, solene, nobre, adornado com todas as oferendas do passado" (Benjamin, 1987a, p. 116), dando lugar à cultura do vidro: impessoal, sem aura, sem propriedade, desvelada, sem nenhum espaço para o mistério. O resultado disso é a criação de espaços sem marcas, sem rastros de subjetividade. Para Benjamin, são espaços que nada se assemelham àqueles nos quais não há "um único ponto em que seu habitante não tivesse deixado seus vestígios" (1987a, p. 117). E, assim, os sujeitos vão ficando pobres de experiência e de pertencimento.

O arquiteto e urbanista italiano Stefano Boeri (2010), por sua vez, ao pensar os espaços urbanos na atualidade, afirma que testemunhamos e vivenciamos uma fragmentação crescente do território, representada por espaços sem delimitação e pouco articulados. As mudanças na configuração, uso e ocupação do espaço vêm acontecendo de forma difusa, sem causar grandes impactos, tornando-se, na maioria das vezes, imperceptíveis, irrepresentáveis, invisíveis. Tornam-se "familiares e ao mesmo tempo perturbadoras" (Boeri, 2010, p. 10, tradução nossa).

A grande mobilidade de indivíduos no território, a expansão das cidades e a possibilidade de relações intensas e estáveis que não necessitam da proximidade física, provocam um giro na relação entre centro e periferia. O autor supracitado usa a expressão "franjas de percepção" para referir-se ao modo desgastado de observar e apreender os espaços da cidade: "nossos olhos não se encontram em condições de ver o espaço que nos rodeia e que habitamos" (Boeri, 2010, p. 178, tradução nossa). Assim, temos, cada vez mais, uma errática experiência cotidiana do território, o que nos torna cidadãos erráticos.

A introdução da tecnologia de satélites nos permite ver mais e por mais tempo o território, proporcionando condições inéditas de observação. Entretanto, contraditoriamente, as vivências dos espaços urbanos se dão, em grande parte do tempo, de forma difusa, desconectada do espaço habitado. Arranjos espaciais artificialmente climatizados e iluminados, bem com conectados a dispositivos tecnológicos, são cada vez mais numerosos nas cidades e proporcionam uma dilatação do tempo, uma capacidade de se desprender daquilo que se passa com os outros ao nosso redor. Hipnotizados pela tela do celular, andamos pelas ruas da cidade de forma errática, sem nos atermos aos detalhes dos espaços que percorremos.

Temos, então, a uma cidade que se configura a partir das transformações das práticas sociais, refletidas na forma como os sujeitos vivenciam o espaço urbano e produzem e consomem informação. A cibercultura apresenta-se de forma onipresente, fazendo com que o usuário não se desloque mais até a rede, é a rede que passa a envolver os usuários e os objetos numa conexão generalizada (Lemos, 2004).

As tecnologias digitais, com suas formas de conexão sem fio, sobretudo, criam usos flexíveis do espaço urbano: acesso à internet em qualquer lugar, conectividade permanente com o *smartphone*, equipamentos com o recurso de *bluetooth* que criam redes caseiras, entre outros. A cidade contemporânea torna-se, cada vez mais, uma cidade conectada, e as tecnologias móveis passam a fazer parte de seu contexto, de sua paisagem. Assim, *online* e *off-line* misturam-se de formas diversas e complexas, tornando as cidades ciborgues.

Podemos pensar, por um lado, na privatização do espaço público, isto é, na apropriação do espaço público de forma totalmente individualizada, como quando nos conectamos à internet em uma praça pública para nos conectarmos, na realidade, a outro lugar, ou quando falamos ao telefone ou usamos um aplicativo de geolocalização, no meio da multidão nas ruas. Por outro lado, existe uma exposição cada vez mais constante da vida privada nos rastros deixados do percurso cotidiano, captado pelas redes nas mais diversas situações: quando se acessa um site ou aplicativo, quando se compartilha alguma foto ou localização etc.

O psicanalista Gérard Wajcman (2011) traz uma discussão sobre a perda da intimidade e o excesso de exposição aos quais os sujeitos são submetidos na atualidade, sob o fantasma da ciência: o olho supermoderno que vê tudo e pretende ver de forma toda. A ciência responde ao nosso desejo de tudo ver, através de seus aparatos sofisticados, as tecnologias de imagem estão em todos os lugares. Assim, toda a verdade advém da imagem.

No entanto, uma contradição novamente se apresenta, já que "é preciso ver de perto, ver menos para ver mais" (Boeri, 2010, p. 187, tradução nossa). É preciso observar o entorno, pois os lugares adquirem significado "mais em função da posição que temos em relação a um fluxo temporal de experiências do que por sua localização geográfica" (Boeri, 2010, p. 188, tradução nossa).

O antropólogo Marc Augé (2012) trabalha com a hipótese de uma renovação da categoria de tempo na atualidade, em função de um excesso de informação. Esse excesso de informação contribui para uma aceleração da história, em função da multiplicação de acontecimentos, isto é, uma "superabundância factual" proporcionada pela tecnologia e inédita por sua amplitude. Assim, com a amplificação do acesso à informação e às imagens, os sujeitos buscam, cada vez mais, dar um sentido para o mundo globalizado. A supermodernidade tem o excesso como sua modalidade essencial.

Essa transformação do espaço, decorrente da superabundância espacial, resulta naquilo que Augé nomeia de "não lugares" em oposição à noção sociológica de lugar, uma "tradição de cultura localizada no tempo e no espaço" (2012, p. 36). Os *não lugares* são representados pelos espaços públicos de rápida circulação, bem como pelos grandes equipamentos públicos e redes de serviços. Embora sempre acompanhado de outras pessoas nos espaços públicos, o sujeito só mantém com os outros uma relação contratual, sem necessariamente estabelecer algum tipo de interação ou troca. O espaço do *não lugar* não cria identidade singular, nem mesmo relação interpessoal.

Diante das mudanças produzidas no espaço da cidade a partir da virtualidade, é possível constatar que se, até pouco tempo, a concepção de espaço público estava atrelada à noção de coletivo, atualmente criar espaços coletivos em meio aos espaços públicos torna-se um desafio. Nas cidades da atualidade, os tradicionais espaços habitados — ruas, avenidas, praças, monumentos — estão, aos poucos, transformando-se em espaços digitais, ou seja, espaços de fluxos, flexíveis, comunicacionais.

Corpos adolescentes nas cidades digitais

Na adolescência o sujeito inaugura um processo de desligamento do Outro parental e vai à busca de novas referências, de novos espaços a serem ocupados, longe de seu núcleo familiar restrito. A cidade, as ruas, os lugares públicos tornam-se, então, lugares privilegiados, nos quais o jovem tem acesso a novidades e pode exercer de forma mais ativa a liberdade que lhe vai sendo concedida pelos pais.

Entretanto, nos dias de hoje, a relação com o espaço urbano vem se transformando com os atravessamentos do digital. Assim, a relação dos adolescentes com a cidade ganha novos contornos: circulam pelos espaços públicos munidos de seus pequenos *gadgets*, guiados pelos aplicativos de geolocalização, fotografando os seus trajetos pela cidade, compartilhando mensagens, fotos ou interagindo através da tela com pessoas distantes. Ainda que circulem pela cidade, estão, na maior parte do tempo, conectados à internet. Não é raro presenciarmos grupos de jovens reunidos, cada qual com seu celular na mão, hipnotizados pela tela.

É possível perceber a inversão de uma lógica espaço-temporal: se antes a cidade, as ruas, eram o lugar privilegiado onde os adolescentes buscavam ganhar o mundo a fim de ampliar suas referências e laços, atualmente o espaço virtual vem cumprindo cada vez mais essa função.

Contudo as facilidades proporcionadas pelos recursos tecnológicos não são capazes de sanar dificuldades encontradas para se situar no espaço urbano, para se sentirem pertencentes a ele. Ainda que a internet possibilite um acesso mais amplo a pessoas e lugares de forma virtual, existe sempre a barreira geográfica, territorial e social, que delimita — e, muitas vezes, segrega — e confere identidade àqueles que habitam e usufruem de determinados lugares.

Percebemos, ainda, em nossa prática clínica, que os adolescentes da atualidade, embora já tenham nascido imersos na cultura digital, apresentam questões atemporais e universais no que tange aos enigmas da adolescência: amor, sexo, relacionamentos familiares, amizades, escola. Entretanto é inegável o fato de que recorrem à internet, muitas vezes, na tentativa de solucionar os impasses próprios da adolescência. Tal fato se revela no fascínio e a adoração que têm pelos *youtubers*, *gamers* e influenciadores digitais, no uso que fazem dos grupos de conversas no WhatsApp, nos desabafos no Twitter, nas postagens no Instagram e TikTok, a fim de receberem *likes* e compartilhamentos.

Podemos, assim, situar o espaço virtual como um novo espaço público com o qual o adolescente constrói uma relação de pertencimento. Um espaço onde "é possível encontrar os seus pares e exercitar a passagem do privado ao público, da família para o laço social mais amplo" (Lima, 2009, p. 218). Nessa relação, o sujeito além de se sentir pertencente à rede, sente-se capaz de modificá-la, de forma rápida e bastante perceptível, a partir de suas interações, o que acentua a individualização das referências e uma inconsistência da noção de historicidade.

A teoria de Lacan aponta que a dominação do discurso capitalista e da ciência está no fundamento do declínio do Outro, desvelado a partir da modernidade e cada vez mais evidente na atualidade. Um progressivo apagamento do corpo surge como fato resultante de tal processo. Essa subtração do corpo se sustenta numa recusa ou retraimento explicitados na relação com a linguagem e com o corpo que se torna produto em uma economia automatizada, robotizada e monetizada (Askaforé, 2010).

Cabe aqui mencionar o filósofo Walter Benjamin que discorre sobre as condições impostas pela Modernidade, apontando que a vida nos centros urbanos e as condições de trabalho instituídas a partir da revolução industrial, levam a um empobrecimento da experiência. Ao investigar os efeitos da Modernidade sobre os modos de subjetivação, o autor trabalha a dimensão da experiência em oposição a uma aceleração do tempo, o tempo contado no relógio, indicador de produtividade. Segundo ele, para que haja experiência é necessária uma dilatação do tempo, é necessário construir uma experiência [*Erfahrung*] com o passado. Ele demonstra, ao longo de sua obra, o enfraquecimento de *Erfahrung*, dando lugar a *Erlebnis*, uma experiência esvaziada de sentido, vivida pelo sujeito solitário (Benjamin, 1987b). A distância entre os grupos humanos, particularmente entre as gerações, torna-se um abismo porque as condições de vida mudam num ritmo rápido demais para a assimilação das transformações. Assim, ele defende que a reconstrução da experiência deveria passar prioritariamente por uma nova forma de transmissão, de narrativa. Uma transmissão que valorizasse o tempo, que contemplasse a forma artesanal, o tempo para contar as experiências. Um fluxo narrativo deve incluir narrador e ouvinte, tornando-se vivo, incluindo o caráter contínuo e contingente da história.

Hannah Arendt (1961/2011), em seu livro *Entre o passado e o futuro*, traz elaborações que convergem com as ideias de Benjamin. A autora aponta que na tensão entre passado e futuro as gerações buscam encontrar experiências humanas narráveis que, ao serem transmitidas, garantem a possibilidade de exercício e expressão do pensamento. Com a Modernidade, entretanto, os fios da tradição vão se perdendo e, com isso, perde-se também a memória. As pessoas passam a habitar um mundo sem raízes e sem certezas, esquecendo-se da existência de um mundo comum, compartilhável. A autora marca, portanto, que a essência da tradição está nas experiências que atravessam o tempo e mantêm viva a presença humana no mundo.

Ao considerar uma perspectiva temporal, Arendt coloca em questão a noção de tradição e ressalta que, apesar de uma perda inegável da tradição no mundo moderno, o passado não se perde, pois tradição e passado não se equivalem. O passado permanece essencial, ele pode se apresentar como uma inesperada novidade, "como nos dissesse coisas que ninguém teve ainda ouvidos para ouvir" (Arendt, 2011, p. 130).

Assim, desde a Modernidade, vivemos um tempo esvaziado de sua dimensão subjetiva, uma sequência de acontecimentos com os quais devemos lidar de forma resolutiva. Não há tempo para os sujeitos elaborarem suas vivências, decantá-las em experiência.

Peixoto Lima (2009), em um texto intitulado *O declínio do mestre e suas relações com a adolescência*, discute como a profusão de informações e técnicas disponíveis na cultura digital fomenta um ambiente propício para jovens "autodidatas": a transmissão do saber perde sua importância, dando lugar ao culto ao "saber-objeto". Os jovens, ao navegarem na internet, circulam por uma rede de informações sem autoria, construindo um saber "sem valor de herança". Assim, o adolescente, em sua errância pela internet, torna-se um *flanêur* virtual: "retira-se das ruas e vagueia sem rumo pela tela. Acessa sítios, no entanto, sem demarcar seu lugar. Acede a saberes sem, no entanto, constituir filiações" (Peixoto Lima, 2009, pp. 165-166).

Arendt (1958/2016) considera que o mundo é um artifício humano, que surge pela ação e pela palavra, uma história que precisa ser inventada e transmitida entre gerações. Essa é a condição para que se sobreviva ao ir e vir das gerações, para que se atravesse o tempo. O mundo compartilhado é o palco e a cena das histórias humanas.

Essa concepção nos remete às elaborações de Lacan (2005) sobre o lugar do sujeito no palco do mundo, o lugar que constrói para si na cena dentro da cena. Podemos, então, questionarmo-nos sobre as consequências de navegar por um território desconhecido, sem muito senso de direção. Se tais condições propiciam um desenraizamento, um esvaziamento da esfera subjetiva, de que forma essa perda da experiência agravada pela aceleração tecnológica afeta o tempo lógico da adolescência?

Considerações finais

A vivência da pandemia nos traz elementos importantes para pensarmos as noções fundamentais a partir das quais este trabalho se desenvolve: o tempo e o espaço atravessados pelo digital e a construção e apropriação do corpo na elaboração adolescente.

Retomando a experiência da conversação *online*, é inegável que o digital possibilitou os encontros com os alunos, assim como foi fundamental em vários aspectos da vida cotidiana — favorecendo um trabalho que não poderia acontecer de outra forma naquele momento. Não temos, aqui, a intenção de discutir a prática psicanalítica *online* — que poderia, inclusive, ser objeto de estudo para uma extensa pesquisa —, mas avaliamos que, mesmo através da tela, foi possível escutar as ressonâncias do encontro com o real da pandemia sobre cada adolescente. Diante da sensação de uma perda irreparável — "perdi um ano da minha vida!" —, cada adolescente pôde construir um sentido particular para o que fora perdido, inscrevendo-se na cena do Outro. Esse espaço para a palavra permitiu um alargamento do tempo de compreender, com o efeito de apaziguamento da angústia. Como um dos efeitos do trabalho, destacamos que um dos adolescentes formulou uma demanda de análise ao fim dos encontros.

A tecnologia captura e afeta os corpos, através de dispositivos de subjetivação que promovem processos capazes de moldar desejos e modos de gozo. Entretanto, como enfatiza Freud (1930/2020), a renúncia é elemento constitutivo da vida social, isto é, a vida em sociedade se torna possível a partir de um impedimento da satisfação da pulsão. A sensação de mal-estar surge, assim, como o saldo subjetivo, inescapável, dessa renúncia. A atualidade escancara tal fato: ainda que os avanços tecnológicos, com todos os seus recursos disponíveis, tentem tornar suportável essa renúncia de satisfação, fica claro que há ainda um resto, não simbolizável, não tratável, que evidencia o caráter incontornável do mal-estar.

A escuta dos adolescentes oferece-nos a oportunidade de refletir sobre as condições de subjetivação na cultura digital. No tempo lógico da adolescência, é preciso "habitar" o próprio corpo, situando-o em relação ao Outro, reconfigurando a sua imagem, e apropriando-se do infamiliar que o habita. A vivência da pandemia evidencia que para habitar o próprio corpo é necessário colocá-lo em cena, nas ruas, na cidade, circunscrevendo os seus lugares, criando os seus entornos.

Referências

Arendt, H. (2011). *Entre o passado e o futuro* (6a ed.; Mauro W. Barbosa, Trad.). Perspectiva. (Trabalho original publicado em 1961).

Arendt, H. (2016). *A condição humana* (13a ed. ver.; Roberto Raposo, Trad.). Forense Universitária. (Trabalho original publicado em 1958).

Askofaré, S. (2010). Do corpo... ao discurso. *Revista transformações em psicologia*, 3(5).

Augé, M. (2012). *Não lugares: Introdução a uma antropologia da modernidade* (Maria Lucia Pereira, Trad.). Papirus.

Benjamin, W. (1987a). Experiência e pobreza. In *Magia, Técnica, Arte e Política. Obras Escolhidas I* (pp. 114-119). Brasiliense. (Trabalho original publicado em 1936).

Benjamin, W. (1987b). O Narrador. In *Magia, Técnica, Arte e Política. Obras Escolhidas I* (pp. 197-221). Brasiliense. (Trabalho original publicado em 1936).

Boeri, S. (2010). Atlas Eclecticos. In Walker. E. (Ed.). *Lo Ordinário* (pp. 177-204). GG.

Freud, S. (2020). *O / na cultura.* In Freud, S. *Cultura, sociedade, religião: O mal-estar na cultura e outros escritos* (M. R. S. Moraes, Trad.). Autêntica. (Obras incompletas de S. Freud). (Trabalho original publicado em 1930).

Lacan, J. (2003). Televisão. In Lacan, J. *Outros escritos* (V. Ribeiro, Trad.; ver. final A. Harari & M. A. Vieira; pp. 508-543). Jorge Zahar. (Trabalho original publicado em 1973).

Lacan, J. (2005). *O Seminário, livro 10: A angústia, 1962-1963* (V. Ribeiro, Trad.). Jorge Zahar.

Lacan, Jacques. (2007). *O Seminário, livro 23: O sinthoma, 1975-1976* (S. Laia, Trad.; A. Telles, Rev.). Jorge Zahar Ed.

Lefebvre, H. (2006). *A produção do espaço* (4a ed. Doralice Barros Pereira & Sérgio Martins, Trads.). Éditions Anthropos, 2000. (Trabalho original publicado em 1974).

Lemos, A. (2004). Cidade-ciborgue: a cidade na cibercultura. *Galáxia – Revista do Programa de Pós-graduação em Comunicação e Semiótica,* (8). https://revistas.pucsp.br/index.php/galaxia/article/view/1385.

Lemos, A. (2009). Cibercultura e mobilidade: a era da conexão. *Razón y Palabra,* (41), pp. 1-21, oct.-nov. https://facom.ufba.br/ciberpesquisa/andrelemos/ciber mob.pdf.

Lima, N. L. de (2009). *A escrita virtual na adolescência: Os blogs como um tratamento do real da puberdade, analisados a partir da função do romance.* (Tese de doutorado, Programa de Pós-Graduação em Educação, Faculdade de Educação, Universidade Federal de Minas Gerais, Belo Horizonte).

Miller, J.-A. (2001). *Elementos de biologia lacaniana.* Trad. Yolanda Vilela. Belo Horizonte: Publicações Curinga/Escola Brasileira de Psicanálise – MG.

Peixoto Lima, M. C. (2009). O declínio do mestre e suas relações com o saber na adolescência: novas reflexões sobre a psicologia do escolar. *Estilos da Clínica,* 14(27), 112-123.

Soja, E. (1990). *Geografias pós-Modernas.* Rio de Janeiro: Jorge Zahar Ed.

Wacjman, G. (2011). *El ojo absoluto.* Manantial.

Zuboff, S. (2021). *A era do capitalismo de vigilância: A luta por um futuro humano na nova fronteira do poder* [e-book] (George Schlesinger, Trad.). Intrínseca.

ATINGIDOS COMO?
EFEITOS DA COVID-19 NOS ADOLESCENTES

Raquel Marinho

– Cê não vai embora não, né, Daniel?
– Vou. Se eu ficar, vai ser pior.
– Mas, Daniel, sem você aqui é como se eu tivesse morrido, sem ninguém pra conversar.
(Trecho do filme *A Ostra e o Vento*, de Walter Lima Jr.)

O presente texto é o resultado parcial de uma pesquisa em andamento que objetiva analisar os efeitos, nos adolescentes, das perdas e/ou mudanças na socialização decorrentes da pandemia de covid-19. Trata-se de um estudo comparativo entre adolescentes no Brasil e na França, considerando que enfrentaram restrições significativamente distintas no acesso à escola, espaço normalmente privilegiado das trocas coletivas nessa idade.

Em 31 de dezembro de 2019, a SARS-CoV-2, uma nova cepa de coronavírus, um tipo de vírus que causa infecções respiratórias nos seres humanos, foi registrada em Wuhan, capital da província de Hubei, na China. Menos de três meses depois, a covid-19, doença por ela produzida, estava proliferada pelo mundo e, por isso, declarada como uma pandemia pela Organização Mundial de Saúde (OMS). Ao provocar múltiplas mortes, que se aproximam dos 7 milhões em números atuais[22], a covid-19 tornou-se um dos maiores desafios sanitários deste século, exigindo, para controle de sua disseminação, medidas de distanciamento social, como o confinamento das pessoas em suas residências, o uso obrigatório de máscara respiratória e a interrupção de atividades julgadas não essenciais.

A forma como cada país lidou com tal pandemia e suas consequências inclui peculiaridades, que não são indiferentes aos seus cidadãos. Lembremos, por exemplo, que após a declaração da OMS, datada de 11 de março de 2020, o presidente Emmanuel Macron disse que a França se encontrava em uma "guerra sanitária" (16 de março de 2020), enquanto o presidente do Brasil na época, Jair Bolsonaro, falava tratar-se de "uma gripezinha" (20 de março de 2020). Isso se refletiu, respectivamente, em ações ou inações dos governos

[22] É possível obter o número recente de óbitos por covid-19 no mundo, atráves do mapa interativo, elaborado pela OMS, que está disponível em: https://covid19.who.int/.

federais, coordenadas com as demais instâncias da administração pública, a fim de orientar o comportamento de todos diante da inusitada situação.

As peculiaridades também se apresentaram no que se refere ao funcionamento das escolas. Em um boletim oficial do Ministério da Educação Nacional, da Juventude e dos Esportes, datado de junho de 2021 (Ministère de l'Éducation Nationale [...], 2021), lê-se que a França, preocupada com o risco de uma "catástrofe educativa", foi um dos países em que os estabelecimentos escolares menos fecharam. De fato, o mapa interativo da Unesco (2022) mostra que as escolas francesas estiveram fechadas por 12 semanas, menos, para citar alguns, do que o Reino Unido (vinte 27 semanas), a Alemanha (38 semanas), a Itália (igualmente 38 semanas), o Canadá (51 semanas) e os Estados Unidos (71 semanas). No mesmo período, as escolas brasileiras estiveram fechadas por 78 semanas.

Logo, seria mesmo importante e até inevitável perguntar quanto aos efeitos, para os adolescentes, dessa privação de frequência do espaço escolar, que se fez indispensável nesse tempo pandêmico, ainda que gerida diferentemente pelas nações. Isso porque vivendo o crescimento corporal e, por conseguinte, a ruptura da montagem simbólica de seu ser infantil, os adolescentes viram-se impedidos de frequentar o lugar que, via de regra, mais oferece recursos para acolher, tratar e franquear uma nova identificação simbólica. Em outras palavras, viram-se confinados ao ambiente residencial no momento em que as interações sociais ganham valor na busca de uma resposta às mudanças com a puberdade.

Nesse sentido, aliás, escutou-se um testemunho de alguns adolescentes, numa primeira conversação psicanalítica, em seguida ao retorno das aulas presenciais no Brasil. Eles afirmavam-se "não evoluídos", dizendo: "minha mente não acompanhou meu corpo", ao que um deles acrescenta: "não tinha ninguém da minha idade pra conversar, pra me ajudar a pensar diferente" (fragmentos de fala).

Essa conversação ocorreu porque a escola em que eles estudavam solicitou assistência ao Departamento de Psicologia da Universidade Federal de Minas Gerais. Os educadores relataram que os adolescentes voltaram mais agressivos, infantilizados e isolados, envolvendo-se em um maior número de brigas e casos de *bullying*. Outras escolas também buscaram ajuda ao notarem um aumento nos episódios de choro sem razão aparente, de automutilação e do que se caracteriza como crise de angústia. Em suma, após a chegada da covid-19, uma deterioração da saúde mental de adolescentes e jovens adultos passou a ser anunciada com frequência pelos profissionais que os acompanham, não somente nos estabelecimentos educacionais, mas nos serviços de urgência psiquiátrica. De mais a mais, vem sendo amplamente divulgada em sites internacionais dos governos e na imprensa em geral.

Para então esclarecer o porquê do efeito de intensificação do sofrimento adolescente e de sua relativa previsibilidade diante da coincidência entre as mudanças provocadas pela maturação sexual biológica e o necessário isolamento social com a pandemia, pergunta-se: o que a puberdade implica em termos subjetivos? O que a pandemia de covid-19 representou para os sujeitos adolescentes?

Adolescência e puberdade

A adolescência, como lembrou Miller (2015), possui uma definição plural e controversa, abrangendo aspectos que não se sobrepõem inteiramente, tendo em conta os cronológicos, biológicos, psicológicos, comportamentais, cognitivos, sociológicos e estéticos. Além disso, seu aparecimento não é nem atemporal, nem universal, mas específico de uma época e sociedade. No mundo ocidental, é datado no século XIX, como resultado de inúmeras transformações sociais provocadas pelo avanço da ciência, da industrialização e do capitalismo, em paralelo ao consequente declínio da tradição patriarcal.

Assim sendo, a adolescência não existe em sociedades tradicionais, tal qual a de Samoa, estudada pela antropóloga Mead (1928/2001). Nessas sociedades, a passagem da infância à vida adulta é marcada por ritos iniciáticos, que consistem em momentos festivos em que os jovens são ensinados pelos ancestrais a respeito de mitos, de valores, de como proceder enquanto homem e mulher. Simultaneamente, seus corpos são apropriados pelo coletivo e submetidos a provações físicas dolorosas, que incluem marcações, alterações e mutilações, como cortes na pele, remoção ou escarificação de dentes, retirada total ou parcial do clitóris, sutura do prepúcio, golpes na língua e dolorosas mordidas de formigas (Galastri, 2010 apud Viola, 2017, pp. 182-184).

A puberdade, por sua vez, ao contrário da adolescência, é universal e temporal, sendo vivida por todo e qualquer sujeito que chega ao final da infância, isto é, que cresce e desenvolve características sexuais secundárias. As cerimônias de iniciação à vida adulta nas sociedades tradicionais representam, portanto, um modo de tratamento simbólico ao que se opera subjetivamente, a partir das transformações da puberdade.

Dedicando-se a essas, Freud (1905/1989) escreveu o terceiro dos seus "Três ensaios sobre a teoria da sexualidade". Nele, deixa entrever que se trata de um tempo de confrontação do sujeito com um impossível. Ou seja, embora mencione o alcance de uma configuração normal definitiva da vida sexual, de uma subordinação das pulsões parciais à genitalidade, indica que dependeriam de algo improvável: a exata convergência, em um túnel, de duas correntes dirigidas ao objeto sexual, a da ternura e a sensual, originando-se de perfurações em extremidades distintas. É quando comenta que "o encontro do objeto, para o qual o caminho fora preparado desde a mais tenra infância [...] é, na verdade, um reencontro" (Freud, 1905/1989, p. 209).

Em outros termos, apesar da exaltação aos aspectos biológicos, Freud (1905/1989) não deixa de constatar a insuficiência do que se processa com o complexo de Édipo para a manutenção, após a infância, da montagem simbólica que o sujeito tem de si mesmo. É que a pergunta sobre o desejo do Outro, que orienta tal construção subjetiva, transforma-se, a essa altura da vida, em algo ainda mais carente de saber. Até ali, "O que minha mãe deseja?", para a qual o sujeito, conhecendo o sexo masculino, pode supor o significante fálico como resposta, modifica-se, diante da inevitabilidade de se continuar desconhecendo o sexo feminino, em "O que quer a mulher?". Isso confronta o sujeito com o real do sexo, a castração, a inexistência de um significante que possa assegurar-lhe uma identificação.

Nessa perspectiva, o reencontro com o objeto mencionado por Freud (1905/1989) em "As transformações da puberdade" é lido e conceituado por Lacan (1962-1963/2005) como o reencontro com o objeto da angústia de castração — o objeto *a* —, que lança os jovens ao desamparo, a um vazio de sentido. A partir daí, Lacan (1962-1963/2005, p. 282) vai afirmar, ironicamente, que a puberdade é a idade da "maturação do objeto *a*", num certo esclarecimento de que o amadurecimento sexual biológico, na contramão de desenvolver a sexualidade, desvela sua falha, a impossibilidade de um saber constitutivo a respeito do sexo.

Por sinal, vale lembrar o que Lacan (1974/2003b) escreve, ao ser convidado a prefaciar um espetáculo sobre a peça de Wedekind, *O despertar da primavera: uma tragédia infantil* (1891/2010), protagonizada por três adolescentes, dentre os quais, dois deles chegam à morte: Wendla, em sequência da prática de um aborto, e Moritz, em razão de um suicídio. Ele diz:

> Que o que Freud demarcou daquilo a que chama sexualidade faça um furo no real, eis o que se percebe pelo fato de que, como ninguém escapa ileso, as pessoas não se preocupam com o assunto.
>
> Trata-se, no entanto, de uma experiência ao alcance de todos. Que o pudor designa: privado. Privado de quê? Justamente, de que o púbis só faça passar ao público, onde se exibe como objeto de uma levantada de véu.
>
> Que o véu levantado não mostre nada, eis o princípio da iniciação (nas boas maneiras da sociedade, pelo menos). (Lacan, 1974/2003b, p. 558).

Em tal passagem, dois pontos serão aqui destacados. A confirmação de que "ninguém escapa ileso" do "furo no real", próprio à sexualidade, e a menção ao "princípio da iniciação" na sociedade, que faz lembrar os ritos iniciáticos à vida adulta, outrora mencionados.

Sobre o primeiro, diga-se que Lacan (1962-1963/2005, p. 136), em seu *O seminário, Livro 10: A angústia*, termina por comparar o objeto *a* aos "envoltórios embrionários", sublinhando que pertencem ao corpo do próprio feto. Trata-se de uma maneira por ele utilizada de expressar que o homem, vez que nascido enquanto ser de linguagem, resta na impossibilidade de se fazer representar completa e definitivamente. É como se o sujeito humano, no nascimento, perdesse, de forma inevitável e irrecuperável, uma parte que lhe constituía e que, por conseguinte, permanece presente como falta, escapando à apreensão do sentido e provocando a angústia que se experimenta na dimensão corporal.

Compreender, então, que o reencontro com o objeto *a* ocorre na idade da puberdade é compreender que a curiosidade intelectual, presente desde muito cedo, nos primeiros anos de vida, vai levando à construção das teorias sexuais infantis e ao saber da castração, que angustia. Por isso, é adiado com a fase da latência, os processos sublimatórios, a produção das fantasias, até o começo da puberdade, até o momento em que se sente o impossível no corpo, sob o prisma de que os véus, confeccionados para encobrir tal saber — como o ideal de um crescimento sexual biológico —, levantam-se e, outra vez, revelam o objeto da angústia.

Logo, não é à toa — agora em referência ao segundo ponto destacado no prefácio lacaniano — que uma cerimônia sacrificial se faça presente no término da infância em uma sociedade tradicional. Ela é uma forma utilizada pela cultura para sair em auxílio dos jovens, respondendo com a extração de um pedacinho de seus corpos à ausência que é neles sentida, quer dizer, ofertando-lhes uma simbolização, ainda que comum e partilhável, explicada pelos ancestrais, da condição humana de sujeito faltoso, que, a propósito, é necessária ao desejo de enlaçamento com o Outro. Uma forma, todavia, que só opera nesse contexto tradicional, por manter sua consistência simbólica ao ser repetida de geração em geração.

Na sociedade ocidental do século XIX, porém, a tradição, em meio ao "[...] questionamento de todas as estruturas sociais pelo progresso da ciência [...]" (Lacan, 1967/2003a, p. 360), gradualmente dá lugar à ideia de indivíduo, de uma unidade corpórea, que é oposta à concepção de sujeito castrado, tão bem representado num ritual de iniciação à vida adulta. Significa dizer que uma rejeição da verdade da castração, nos moldes do que se processa na primeira operação de formação do Eu ou na alienação imaginária (Lacan, 1949/1998), vai se proliferando pela cultura e suas maneiras de tratamento do real do sexo.

Isso implica no surgimento da adolescência através da ascensão da figura de um sujeito angustiado, experienciando o quê, em geral, chama-se "crise de identidade". É que a partir da época moderna, os jovens, embora não possam evitar o afeto da perda corporal, passam a não propriamente contar com a assistência da cultura para compreender sua incompletude. De maneira habitual, eles veem-se sozinhos e, consequentemente, com muitas dificuldades nessa tarefa de se saberem na condição de castrado, que é fundamental à viabilização do laço social.

Perante o exposto e sem desconsiderar as inúmeras mudanças que ocorreram desde a Modernidade, como o avanço da cultura digital, juntamente com a proliferação das imagens no cotidiano, o acirramento da ideia de indivíduo e a generalização adolescente (Marinho, 2020), pergunta-se: se a adolescência, enquanto crise, é resultado de alterações na sociabilidade ou da restrição das possibilidades de simbolização da castração pelos jovens no mundo ocidental do século XIX, como explicar o atual aumento do sofrimento juvenil, amplamente divulgado desde a chegada da pandemia de covid-19? Seria pelo que ela modificou nas formas de socialização? O que a interrupção das aulas presenciais e o confinamento ao espaço residencial significaram para aqueles que já estavam enfrentando uma ruptura simbólica inevitável?

A restrição simbólica

Conforme dito anteriormente, quase a totalidade dos adolescentes no mundo foi, em alguma proporção, privada de frequentar o ambiente escolar durante a crise sanitária iniciada em 2019, na China. Empenhando-se em resolver tal problema, o governo francês ou particularmente, o então ministro da Educação Nacional, da Juventude e dos Esportes, em junho de 2021, Jean-Michel Blanquer, comentava, não apenas a preocupação com o atraso na aprendizagem, mas o papel crucial da escola na construção das relações com o outro[23] e da vida em sociedade (Ministère de l'Éducation Nationale [...], 2021).

Ao seu estilo, Freud (1910/2006, p. 243) também mencionou, num pequeno texto intitulado "Contribuições para uma discussão acerca do suicídio", quanto a importante função que uma escola secundária pode ter para os jovens: a de lhes servir "[...] de apoio e amparo numa época da vida em que as condições de seu desenvolvimento os compelem a afrouxar seus vínculos com a casa dos pais e com as famílias". Mas, para tanto, ele acrescenta, seria necessário observar que lida com sujeitos imaturos, aos quais deve conceder tempo para evoluírem, e não se arrogar a ser mais do que "uma maneira de vida" (Freud, 1910/2006, p. 244).

Sem dúvida, a questão a levantar é como um sujeito, vivendo esse período de maturação, encontra recursos para construir novas montagens simbólicas de seu ser, visto que a realizada no contexto familiar, próxima aos que dele se ocuparam quando era criança, evidencia-se incapaz de explicar o que ele experimenta em seu corpo. Nessa direção, o espaço escolar pode se tornar valioso ao adolescente, configurando-se, não apenas um contraponto ao vazio deixado pela infância, mas também um terreno propício à elaboração dessa tarefa.

É por isso que Freud sublinha que "[...] uma escola secundária deve conseguir mais do que não impelir seus alunos ao suicídio. Ela deve lhes dar o desejo de viver [...]" (1910/2006, p. 243). Noutros termos, se existe o risco de que o jovem se identifique excessivamente com a falta que nele se faz presente e acabe por devastar sua própria vida, a escola somente se

[23] No relatório do governo francês, a palavra *outro* é grafada com letra minúscula, significando alguém de referência indefinida que se contrapõe, de maneira implícita ou explícita, a alguém conhecido (Cf. https://www.oxfordlearnersdictionaries.com/us/definition/english/other_1?q=other. Acesso em: 14 set. 2023). Na Psicanálise, entretanto, a alteridade pode ser escrita com letra maiúscula ou minúscula, isto é, como Outro ou outro, significando, respectivamente, uma ordem que é radicalmente anterior e exterior ao sujeito, determinando-o, ou o parceiro imaginário (Chemama, 1995, pp. 156-157).

constituirá como uma alternativa a essa ausência, ao não impor um ideal, um modelo de vida e comportamento a ser seguido por todos. Caso contrário, ela inclusive se tornará uma fonte de sofrimento para aqueles que não correspondem a tal idealização.

No entanto, para melhor entender o alerta freudiano, de um tratamento da cultura e das instituições à problemática adolescente, será preciso revisitar o conceito de objeto *a* enquanto perda essencial à condição do homem, mas da qual ele se defende, alienando-se, por intermédio de imagens e sentidos, a uma ideia de completude, apresentada por Lacan (1949/1998) como formações do Eu.

Sendo breve, a primeira operação de alienação, a imaginária, já se processa na criança com idade entre 6 e 18 meses. Nesse estágio, ainda sem uso da fala, sem domínio fisiológico e coordenação motora, ela exalta-se diante do espelho, reconhecendo seu reflexo, numa imagem de unidade corporal, enquanto *Moi* (Eu mesmo), ou seja, expulsando do pensamento a real experiência de um corpo fragmentado, que não se distingue verdadeiramente do ambiente e das pessoas que dele se aproximam.

A segunda operação de alienação, a simbólica, faz-se numa etapa posterior, quando a criança se volta para o adulto que lhe acompanha, buscando uma confirmação quanto ao que, no espelho, identifica como sendo ela. Realiza-se, pois, num tempo em que a própria imagem já se mostra incompleta e o Eu dividido (*Je*), dependendo de um reconhecimento alheio, de um significante a ser dado pelo Outro como garantia de identificação.

Isto posto, esclarece-se que a operação de alienação é sempre uma defesa contra o real da castração, embora produzindo efeitos distintos, de acordo com o seu processamento. No nível do imaginário, tornou-se o modo predominante de tratamento da angústia pela cultura ocidental, a partir da época moderna, efetuando-se por meio do surgimento e da propagação da ideia de indivíduo. No nível do simbólico, é promotora de um laço social que aliena os sujeitos a um saber preestabelecido, similar ao que ocorre nos ritos de iniciação à vida adulta nas sociedades tradicionais, bem como e em geral nas instituições sociais, entre as quais, na instituição escolar.

Contudo, entende-se que Freud (1910/2006) chama a atenção para esse segundo modo de tratamento da angústia devido à consideração de sua fragilidade e risco para alguns sujeitos, que podem demorar a se adaptar a ele ou, em situações desfavoráveis, optar por se lançarem ao vazio, arriscando a própria vida. Afinal, não é possível ignorar que o progresso da ciência no mundo ocidental, não obstante seu efeito imaginário — que é evitável, como se verá —, demonstrou que as estruturas sociais são realmente apenas "uma maneira de vida", incapaz de recobrir completamente o furo no saber deixado pela sexualidade.

Nesse raciocínio, a formulação do conceito de objeto *a* por Lacan (1962-1963/2005) abre um terceiro modo de tratamento da angústia, não mais na linha da alienação à verdade da castração. Nele, não se trata de rejeitar a condição humana de sujeito castrado, sugerida pela ideia de indivíduo, nem de supor que o Outro detém aquilo que falta ao sujeito, como na alienação simbólica. Trata-se da via do reconhecimento da presença de um vazio, que impossível de ser recoberto pelo saber instituído, determinado, faz com que se deseje saber, ou melhor, permite as invenções singulares, as construções de cada um seguir continuamente simbolizando formas do viver.

Tais considerações interrogam se a escola, da qual os jovens foram privados de frequentar durante a pandemia, representa, para eles, um espaço favorável à elaboração simbólica. Afora isso, permanece o questionamento de como foram atingidos pela suspensão das aulas presenciais e pela restrição à vida dentro de casa, sobretudo num momento que exige a ultrapassagem dos laços familiares. Com base em relatos coletados no Brasil até aqui, parece inegável, na perspectiva do comentário de Blanquer (Ministère de l'Éducation Nationale [...], 2021), que as experiências coletivas proporcionadas pela escola, de encontro com os colegas e professores e, em particular, de grupos de conversação, permitem aos adolescentes pensar de maneira diferente do que vinham pensando e confrontar-se com o pensar diferente, como um deles expressou: "Foi a primeira vez que fiquei junto de pessoas que pensavam diferente de mim. Antes, eu já me afastava" (fragmento de fala).

Entretanto, um recente estudo divulgado na França traz à tona novas questões. Ele fora produzido pela *Direction de la recherche, des études, d'évaluation et des statistiques* (DREES) e encontra-se citado numa matéria de capa da revista *Le Point*, de março de 2023, intitulada *"Adolescents: L'état d'urgence"*. Nele, lê-se que o agravamento do sofrimento mental entre adolescentes e jovens adultos começou antes da pandemia, quer dizer, antes do fechamento das escolas. A ocorrência de síndromes depressivas, por exemplo, entre jovens franceses de 15 a 24 anos, aumentou em 18% durante o período de 2014 a 2020. Isso implica que o crescimento na busca por serviços de urgência psiquiátrica juvenil durante a pandemia não foi um fenômeno isolado, pois reflete uma tendência que já vinha ocorrendo nos anos anteriores à crise sanitária.

Sob o mesmo aspecto, a matéria faz referência a outro relatório de pesquisa, desta vez da Agência Sanitária Federal Americana de Controle e Prevenção de Doenças (CDC), publicado em fevereiro de 2023 e destacando a possível relação do problema com a "[...] expansão das redes sociais e o culto da imagem que elas promovem [...]" (*Le Point*, 2023, p. 47), para o qual as meninas são ainda mais vulneráveis que os meninos. Na análise de uma década de dados, 30% das jovens americanas com idade entre 15 e 18 anos, consideraram seriamente o suicídio em 2021, em comparação com 19% em 2011, enquanto 57% se sentiram desesperadas em 2021, em contraste com 36% em 2011.

Assim sendo, pode-se concluir que a restrição simbólica, que está na origem mesma da noção de adolescência moderna enquanto crise, é o que explica o aumento do sofrimento juvenil nos últimos anos. Tal restrição se intensifica em uma cultura que, com uma frequência cada vez maior, privilegia o tratamento da angústia por meio da alienação imaginária, dispensando a fala e o laço com o Outro. Além disso, intensificou-se mais durante a pandemia, à medida que as atividades presenciais foram interrompidas e o contato entre as pessoas passou a ser quase que exclusivamente mediado pelas telas de computadores e *smartphones*, que inculca a ideia de completude.

Isso é algo que Lacan já apontava em 1967, num tempo relativamente distante de uma cultura atravessada pelo progresso do digital. Aludindo-se aos meios de comunicação de massa como "[...] esses olhares errantes e essas vozes brincalhonas [...]" que estão sozinhos e espalhados, prestes a capturar a todos, Lacan (1967, p. 18) esclarecia que se tornava possível uma relação do sujeito com o objeto *a* sem mais o suporte do Outro, a necessidade de sua presença. Mas se tais meios se restringiam ao cinema, à rádio e à TV, como ocorre em um mundo em que a amplitude alcançada dos olhares e vozes é a das mãos, no banal cotidiano das vidas?

Quer dizer, em vista dessa mudança expressiva dos últimos anos, pergunta-se: Como os adolescentes realmente podem, na atualidade, encontrar recursos simbólicos de elaboração do vazio que irrompe em seus corpos a partir da puberdade? Como ajudá-los nessa tarefa? São algumas das perguntas que se fazem prementes diante de um cenário em que os profissionais da educação pedem socorro, os da saúde se dizem sem condições adequadas de trabalho e há indícios de que as economias perdem quase 390 bilhões de dólares em contribuição anual (UNICEF, 2023).

Para continuar

É oportuno lembrar que o mesmo autor que indica a necessidade de uma escola secundária conseguir mais que evitar o suicídio de seus alunos, afirme, em "O mal-estar na civilização" (Freud, 1930/2020, p. 264), que o sofrimento ameaça o homem a partir de três direções: do corpo próprio destinado ao envelhecimento, das dificuldades nos relacionamentos mútuos e das adversidades do mundo externo, como no caso de um vírus letal que se propaga rapidamente pelas vias respiratórias, provocando muitas mortes, angústia e dor.

Ou seja, Freud (1873-1939/1982, p. 383), que também viveu uma pandemia mundial, a de gripe espanhola, que, inclusive, matou sua filha Sophie, "[...] em meio a uma saúde fulgurante [...]", faz manter a pergunta sobre o que foi para muitos adolescentes viver as transformações da puberdade durante a covid-19, a saber, num contexto em que não só o corpo e os impasses no laço social contribuíam para o mal-estar, mas também uma crise sanitária fora do controle dos especialistas e dos governos mundiais.

Até o momento, parece que a pandemia, apesar de evidenciar a persistência da vulnerabilidade humana, mesmo após inúmeros avanços científicos, não contribuiu para as possibilidades de simbolização da castração pelos adolescentes. No avesso disso, as restringiu ainda mais, resultando em um aumento significativo de seu sofrimento. Essa restrição não ocorreu apenas devido à interrupção das atividades escolares e ao confinamento em seus já insuficientes ambientes familiares de infância, mas também devido à ampla limitação das interações mediadas por telas e aos seus efeitos imaginários de completude – um tema que, de fato, surge sempre nas conversações com jovens no Brasil, ao expressarem suas oscilações entre a sedução e o medo dos contatos estabelecidos nas redes sociais.

Então, com o objetivo de ajudar os adolescentes em seu desejo de viver e evitar que se sintam sozinhos, continuam sendo oferecidas oportunidades para que compartilhem suas experiências relacionadas à chegada da pandemia. Além disso, mantém-se o propósito de escutar os jovens na França, que passaram por um período de suspensão das aulas presenciais bastante desigual em relação ao Brasil, com o intuito de esclarecer o conjunto dos fatores que estão influenciando as atuais possibilidades de elaboração do sofrimento adolescente.

Referências

Chemama, R. (1995). *Dicionário de psicanálise*. Artes Médicas Sul.

Freud, S. (1982). 197. A Oscar Pfister. In *Correspondência de amor e outras cartas, 1873-1939*, p. 382-323. Editora Nova Fronteira.

Freud, S. (2020). O mal-estar na cultura. In *Obras incompletas de Sigmund Freud*: Cultura, sociedade, religi*ão*: O mal-estar na cultura e outros escritos (1930); p. 252-336). Autêntica.

Freud, S. (1989). Três ensaios sobre a teoria da sexualidade. In *Edição standard brasileira das obras psicológicas completas de Sigmund Freud* (1905) (Vol. VII; pp. 117-228). Imago.

Freud, S. (2006). Contribuições para uma discussão acerca do suicídio. In *Edição standard brasileira das obras psicológicas completas de Sigmund Freud* (1910) (Vol. XI; pp. 243, 244). Imago.

Lacan, J. (1967). *Pequeno discurso aos psiquiatras*. https://pt.scribd.com/document/270116905/Discurso-Aos-Psiquiatras.

Lacan, J. (1998). O estádio do espelho como formador da função do eu tal como nos é revelada na experiência psicanalítica. In *Escritos*. Jorge Zahar Editor.

Lacan, J. (2003a). Alocução sobre as psicoses da criança. In *Outros escritos (1967)*. Jorge Zahar Editor.

Lacan, J. (2003b). Prefácio a O Despertar da primavera. In *Outros escritos (1974)*. Jorge Zahar Editor.

Lacan, J. (2005). *O Seminário, livro 10: A angústia (1962-1963)*. Jorge Zahar Editor.

Le Point. (2023). En couverture: Adolescents: L'état d'urgence. *Le Point*, 2639, 37-52.

Marinho, R. M. (2020). *Adolescente generalizado? Um estudo sobre a noção de segregação em Jacques Lacan*. (Tese de doutorado, Faculdade de Filosofia e Ciências Humanas, Universidade Federal de Minas Gerais, Belo Horizonte).

Mead, M. (2001). *Coming of Age in Samoa: A Psychological Study of Primitive Youth for Western Civilization* (1928). Perennial Classics.

Miller, J.-A. (2016). Em direção à adolescência. *Opção Lacaniana* (impressa), (72), 20-30. Eolia.

Ministère de l'Éducation Nationale de la Jeunesse et des Sports. (2021). *Bulletin officiel de l'Éducation Nationale.* https://www.education.gouv.fr/bo/21/Hebdo25/MENE2119494C.htm.

Organização Mundial da Saúde. *Página inicial da covid-19.* https://covid19.who.int/.

Oxford Learner's Dictionaries. (n.d.). Other (noun) - *Definition, pictures, pronunciation and usage notes | Oxford Advanced Learner's Dictionary at OxfordLearnersDictionaries.com.* https://www.oxfordlearnersdictionaries.com/us/definition/english/other_1?q=other.

UNESCO. (2022, 29 de junho). *Covid-19 and education.* https://webarchive.unesco.org/web/20220629024039/https://en.unesco.org/covid19/educationresponse/.

UNICEF. (2023, 10 de setembro). *Impacto da covid-19 na saúde mental de crianças, adolescentes e jovens. UNICEF Brasil.* https://www.unicef.org/brazil/comunicados-de-imprensa/impacto-da-covid-19-na-saude-mental-de-criancas-adolescentes-e-jovens.

Viola, D. T. D. (2017). *O saber à flor da pele: três ensaios psicanalíticos sobre a adolescência.* Margem da Palavra.

Wedekind, F. (2010). O despertar da primavera: uma tragédia infantil (1891). In *O despertar da primavera: uma tragédia infantil e Mine-Haha, ou, Sobre a educação corporal das meninas.* Luzes no Asfalto.

GRUPO "EFEITOS": NOTAS SOBRE UM TRABALHO PSICANALÍTICO DE ATENDIMENTO BREVE E GRATUITO DURANTE A PANDEMIA

Carolina Spyer V. Assad
Cristiane de Freitas Cunha Grillo
Mariana Sabino
Patrícia Laguardia
Patrícia Spyer Prates

O presente artigo é resultado do trabalho de atendimentos breves de orientação psicanalítica realizado pelo grupo "Efeitos", em Belo Horizonte. Aqui, apresentamos as linhas gerais do projeto, sua origem e sua metodologia. Ademais, passamos por vinhetas de casos acompanhados pelo grupo, refletindo sobre alguns de seus efeitos. Em seguida, sublinhamos os impasses enfrentados pelo projeto e elaboramos alguns apontamentos finais.

O que é o "Efeitos"?

O grupo "Efeitos" surgiu na cidade de Belo Horizonte, em março de 2020, no contexto da pandemia de covid-19. O projeto foi criado diante de uma demanda direcionada ao Janela da Escuta, Programa de Extensão e Pesquisa da Faculdade de Medicina da UFMG, feita pelo Hospital João XXIII. Tratou-se de um pedido de atendimento de orientação psicanalítica aos profissionais de saúde que estavam angustiados e sobrecarregados com o trabalho no contexto pandêmico. Uma demanda similar foi feita também pelo Coletivo Mulheres da Quebrada, que atua na garantia da saúde e em prol do cuidado de mulheres que residem no Aglomerado da Serra, localizado na zona sul de Belo Horizonte[24]. Foi em resposta a essas demandas que um grupo de psicanalistas vinculados ao Programa Janela da Escuta se formou, originando o grupo "Efeitos" e iniciando o atendimento de profissionais da saúde e de mulheres direcionadas pela Coletiva Mulheres da Quebrada.

O "Efeitos" foi uma das experiências do Programa Janela da Escuta no período da pandemia; houve também conversações com adolescentes e com as mães, atendimentos virtuais e uma incessante conversação clínica (Garrido, 2022).

[24] Cf. Mulheres da Quebrada (2021).

A nomeação do grupo se deu sob inspiração do trabalho de Miller (2008) intitulado *Efeitos terapêuticos rápidos em psicanálise*. Nele, lê-se sobre dispositivos que facilitam a ocorrência do encontro com um analista, quando esse encontro se fazia pouco ou nada possível. Essa perspectiva conflui com a origem do grupo, que contou com uma intenção politicamente interessada na expansão da oferta e da atuação da psicanálise em um tempo que se apresentava traumático, conturbado e repleto de muitas perdas individuais, sociais e políticas. Nesse cenário, o modo virtual foi imposto pela necessidade de distanciamento social. Também como resultado da influência da mesma obra de Miller, o grupo "Efeitos" definiu uma oferta de atendimentos gratuitos e breves.

Ao qualificarmos os atendimentos como gratuitos, estávamos advertidos de que há pagamentos que se fazem por variados meios, a despeito do dinheiro. A gratuidade a que nos referimos diz respeito à ausência de contrapartida financeira para acessar os atendimentos ofertados pelo grupo. Essa gratuidade não foi condicionada às condições sociais e econômicas de quem nos procurava, e sim ao fato de se tratar de profissionais que atuavam na linha de frente no enfrentamento da covid-19, ou de mulheres que nos procuravam por intermédio da Coletiva Mulheres da Quebrada.

Em relação à brevidade, ela estabeleceu-se posto que a duração dos atendimentos foi definida pelo referencial de 12 sessões. Apostamos na função subjetiva desse marco como um acontecimento lógico que provoca uma tensão na qual o sujeito, nesse tempo de tratamento, possa vir a alcançar efeitos subjetivos. Marcar o tempo do tratamento é colocar o sujeito diante do finito, da castração. No desenrolar do projeto, verificamos, em alguns casos, uma certa relação entre a brevidade e a gratuidade, de maneira que a restrição no número de sessões dava um contorno a possíveis consequências da gratuidade, tal como a ocorrência reiterada de faltas aos encontros.

O número de psicanalistas que integrou o "Efeitos" oscilou ao longo de sua existência, tendo passado pelo grupo 21 psicanalistas. A dinâmica interna dava-se da seguinte maneira: o grupo foi divulgado para o seu público e um trio de pessoas cuidava dos acolhimentos e encaminhamentos dos casos, direcionando as demandas ao grupo. O psicanalista com disponibilidade de atender o novo caso tratava de agendar os encontros. O grupo manteve os atendimentos breves de março de 2020 até meados de novembro de 2021. Nesse período de mais de um ano, o grupo realizou, em modo remoto, conversações clínicas com frequência semanal. Nessas ocasiões, os analistas do grupo coletivizavam a construção dos casos e a extração da dimensão subjetiva de cada caso era fortalecida pela troca em grupo. Foram atendidas cerca de 70 pessoas do estado de Minas Gerais, todas de maneira remota. Também nesses encontros semanais foram feitas discussões coletivas de textos selecionados para o embasamento de um diálogo teórico com o trabalho do "Efeitos". Além disso, o grupo contou com uma interlocução com a psicanalista Patrícia Tassara, membro da ELP/AMP e coordenadora do dispositivo Tyché, criado na Escola Lacaniana de Psicanálise (ELP) vinculada à AMP. O Tyché oferecia um encontro virtual com um analista, sendo os casos derivados para a rede de psicanalistas na Espanha.

Para compor o desenho de uma visão geral do que foi o projeto, destacamos alguns pontos importantes relacionados ao nosso fazer coletivo: o enlaçamento da pandemia como um ponto do real e do tempo pré-definido para o tratamento como algo do corte; a gratuidade dos atendimentos; o desejo do grupo de analistas e o desejo do paciente como algo a ser verificado. Esses pontos que sublinhamos interagem de maneira singular no caso a caso. Sabendo disso, passaremos a trazer pequenas vinhetas de casos atendidos.

Vinhetas clínicas

Vinheta 01

A paciente demanda atendimento porque tem dificuldades no exercício da sua função de coordenadora. Teme não ser querida. Narra um acidente que a deixou acamada por alguns meses: foi atropelada no momento em que ela passava atrás do seu próprio veículo. A paciente afirma não ter sido sua culpa e sim um defeito do carro. Acidentada, depara-se com o real da falta do cuidado da mãe. Até o momento do acidente, ela diz que acreditava no amor da mãe. A analista ressalta o desamparo em que ela se encontrou em relação à sua mãe. Essa localização e o estranhamento da nomeação "desamparo" possibilita à paciente identificar outras redes de apoio que ela já havia criado. A paciente abre uma brecha, passa a ver a possibilidade de ser amada por outras pessoas, de ter méritos, e de ser capaz de coordenar seu serviço sem ser abusiva, como identificava que era sua mãe.

Vinheta 02

A paciente chega com medo de morrer, mas localiza que seu maior medo é matar o seu filho através da contaminação por covid. Sente culpa por ter escolhido trabalhar em um hospital e colocar sua família em risco. Sempre teve medo, mas "com o filho tudo é mais". A paciente, que sempre planejou a sua vida em tudo, ficou grávida na lua de mel — "totalmente fora do que havia sido planejado". A paciente e o filho quase morreram no momento do parto. Quando foi para casa com o filho, ficou uma semana sem dormir olhando para ele com medo dele morrer. Desde que seu filho nasceu, há um ano e meio, ela tem medo de que ele seja raptado. Diz não confiar em ninguém. Nesse momento, a analista estranha esse ninguém e isso a toca. O efeito foi a paciente interromper o que vinha acontecendo em um contínuo: ela reduz o medo em relação ao que as outras pessoas poderiam fazer ao seu filho e ela diz do mal que ela mesma fazia ao seu filho. Além dela, do marido e da mãe, outras pessoas passam a poder carregar e ficar pequenos períodos com seu filho.

Vinheta 03

A paciente apresenta-se bastante falante, ansiosa e extremamente angustiada. Apresenta-se à analista como "desorientada". Ao completar as 12 sessões, a paciente encerra seus atendimentos dizendo-se mais leve, tranquila e animada com suas atividades laborais. Informa à analista já ter atingido as 12 sessões que lhe foram oferecidas, incluindo nessa conta as suas ausências justificadas. A analista localiza aí algo que ela conseguiu fazer em meio a sua desorientação.

Essa paciente procura novamente o "Efeitos", dizendo ter esquecido o nome da analista que a escutou, mas desejosa de continuar o trabalho. É então acolhida e direcionada para um segundo ciclo com outra analista. O segundo ciclo foi composto de quatro encontros, dentre os quais alguns dos encontros iniciais foram remanejados diante da apresentação de justificativas de impossibilidade de presença no horário marcado. O segundo ciclo começa com R. falando bastante e em um ritmo acelerado. Entre os vários elementos que traz, afirma que come muito e que tem gastado bastante dinheiro. Em meio ao que soa como um excesso, diz: "Tudo que o hospital me oferece de graça eu vou". Essa fala chama a atenção da analista, que passa a deixar de remanejar os horários diante das justificativas de impossibilidade de presença de R.

Paralelamente, a analista leva para a conversação clínica em grupo a preocupação de que a gratuidade do "Projeto Efeitos" e a possibilidade de realização de um novo ciclo de atendimento estivessem fazendo parceria com um ponto de excesso da paciente.

No segundo ciclo, assim como no primeiro ciclo, o ritmo de fala de R. diminui: passam a existir algumas pausas, alguns silêncios. R. interrompe os encontros sem justificar sua ausência. Em conversação sobre o caso, o grupo nota que R. acabou por realizar 12 encontros, somando oito mais quatro encontros de cada ciclo. Assim, ela acabou por preencher todos os encontros propostos pelo "Projeto Efeitos".

Vinheta 04

A paciente, freira, já no primeiro atendimento, relata estar extremamente angustiada, chorando pelas mortes de pessoas queridas. Depois, fica em silêncio, olhando para a analista.

Ela lidava bem com o silêncio. Pouco a pouco, fala da dificuldade de conviver com uma outra irmã. Sentia-se sem voz e oprimida.

Aconteceria uma reunião muito importante, onde seria discutida a situação da casa onde moravam e diz que, por pior que tivesse a relação entre elas, suportaria mais algum tempo para não mudar de cidade e adiar a aposentadoria. "Mas se não tiver outro jeito, eu dou conta de ir", diz ela. A analista pontua a diferença entre dar conta, suportar mais um pouco (frase que ela sempre repetia), e posicionar-se sobre o que queria.

Nas sessões seguintes, fala do medo de se posicionar e ser julgada por isso.

Envia para a analista uma imagem por WhatsApp, com dois quadros da *Mona Lisa*. No primeiro, a imagem da *Mona Lisa* como ela é, e acima a frase: ANTES DA TERAPIA. No segundo quadro, a *Mona Lisa* saindo do quadro, com uma perna para fora da moldura, e acima a frase: DEPOIS DA TERAPIA.

A analista pontua o encerramento de um ciclo e ela responde que agora podia falar e que deseja um percurso analítico.

Impasses

O tempo de existência do Projeto Efeitos foi mais longo do que se previa inicialmente, dada a alta gravidade da situação sanitária no Brasil. Esse período alargado provocou diversos acúmulos acerca de nossas práticas internas e propiciou variados momentos de amadurecimento metodológico. Usamos de nossos encontros semanais para, além de realizarmos conversações clínicas sobre cada caso atendido e discussões de textos, olharmos criticamente para aspectos do nosso método de trabalho sobre os quais certos casos lançavam luz, provocando a necessidade de revisitá-los. Assim, foi possível reconfigurar pontos da prática do dispositivo, criando novos norteadores.

A fluidez com a remarcação das sessões foi um fator que recebeu modulação. A partir dos questionamentos trazidos no caso apresentado na *Vinheta 03*, projetamos nossas inquietações para a lógica de funcionamento do projeto. O que esse caso ilumina, com sua singularidade, em relação às dinâmicas do "Efeitos"? O ponto da gratuidade começou a ser refletido em articulação à contagem do número de encontros, ao limite em relação às faltas, à definição prévia de horários com margem restrita de modificação e a impossibilidade de acessar um segundo ciclo no Projeto Efeitos.

Essa extrapolação levou à maturação acerca de uma definição mais específica do número de encontros para cada paciente, a fim de provocar no paciente uma precipitação na conclusão de seu ciclo. Concluímos que o ciclo singular de cada sujeito era e seguiria sendo o eixo orientador acerca de quantos encontros seriam realizados no caso, mas que não devíamos perder de vista a referência do teto máximo de 12 sessões — que deveria ser apresentada ao paciente com clareza.

Uma atenção especial passou a ser conferida ao modo de apresentação do nosso grupo. Algumas demandas de profissionais de saúde chegaram até nós comportando uma conexão do Projeto Efeitos com as Instituições Hospitalares nas quais esses profissionais trabalhavam, como se constituíssemos um grupo de gestão de trabalho submetido a essas Instituições. Diante disso, consideramos fundamental desconstituir essa associação, definindo por apresentarmo-nos cuidadosamente como grupo independente daqueles que empregam quem nos demanda atendimento.

Organizados esses novos guias para nosso trabalho, seguimos nos debruçando sobre alguns impasses cujas elaborações seguem em aberto.

Um grande impasse é a condução de casos graves que chegaram até nós. Casos de psicose, surto ou tentativa de suicídio, uma vez dentro do dispositivo do "Efeitos" e já iniciado o ciclo de atendimento, deixaram-nos às voltas acerca de como encaminhá-los. Definimos que seria importante fazer, para os pacientes que demandam atendimento ao grupo, um momento inicial de acolhimento, em que seria levantada a queixa/sintoma de cada um, definindo-se pela continuidade ou não do paciente no dispositivo. Entendemos que todos os analistas integrantes do grupo fariam o acolhimento e o apresentariam para todo o grupo para que, coletivamente, se definisse o percurso a ser trilhado naquele caso em específico. Casos graves seriam encaminhados para o atendimento presencial e articulados à Rede de Saúde Pública.

Finalmente, levantamos o impasse acerca do destino do "Efeitos". Qual seria o marco do fim da pandemia no Brasil? O "Efeitos" iria mesmo se desfazer, conforme intenção inicial, ou investiríamos em uma continuidade, sustentando os benefícios da conversação de casos e respondendo a demandas que existem na cidade, à despeito da pandemia?

Apontamentos finais

A opção pela conclusão da oferta de atendimentos se deu motivada pelo retorno às atividades presenciais no Brasil, dado o arrefecimento da pandemia de covid-19. Com a alteração do contexto que originou o grupo, concluímos que já não havia mais razão para manter o projeto. A queda drástica na demanda por atendimento confirmou nossa decisão e, definida essa escolha, nos dedicamos a elaborarmos, através da escrita, algo da experiência que acumulamos. Este trabalho é um esforço nesse sentido.

Essa instigante experiência em um contexto pandêmico, marcado pelo distanciamento físico e por uma situação política contrária à vida, enfatizou as elaborações freudianas sobre o mal-estar. Cada caso nos ensinou sobre o sofrimento singular diante do universal da pandemia, e sobre o mal-estar provocado pelo estranho, pelo infamiliar entranhado em cada um dos seres falantes.

Referências

Freud, S. (1966). O mal-estar na civilização. In Freud, S. *Edição Standard Brasileira das Obras Psicológicas Completas de Sigmund Freud* (Vol. 21). Imago. (Trabalho original publicado em 1930).

Garrido, Á. et al. (2022). Janela da Escuta: novas aberturas. In Grillo, C. F. C., Rocha, B. F., & Mourão, M. *Janela da Escuta: o adolescente especialista de si e a tessitura de uma rede sob medida* (pp. 695-705). UFMG.

Miller, J.-A. (2008). *Efeitos terapêuticos rápidos em Psicanálise: conversação clínica com Jacques-Alain Miller em Barcelona.* Escola Brasileira de Psicanálise - Scriptum Livros.

Mulheres da Quebrada (2021, 26 de fevereiro). Mulheres da Quebrada é uma coletiva de mulheres que atua pelo cuidado e garantia de saúde (física, emocional e psíquica) de outras mulheres... [Vídeo]. Facebook. https://fb.watch/6uUVc2iqjX/.

POSFÁCIO

O DECLÍNIO DA EMPATIA: A CULTURA DIGITAL PRECISA DO QUE A TERAPIA DA FALA OFERECE[25]

Sherry Turkle

Quando comecei a estudar a vida *online* no início dos anos 1980, eu a via como um lugar no qual as pessoas tinham a oportunidade de expressar aspectos de si mesmas que eram normalmente reprimidos em sua vida diária. Até aquele momento, elas faziam isso em simples salas de bate-papo *online* e, de forma mais elaborada, quando construíam avatares de jogos. Naquela época, eu era uma espécie de entusiasta, tentando alertar os clínicos — psicanalistas, psicólogos, psiquiatras, assistentes sociais e pediatras — sobre a importância desses novos espaços digitais. Em particular, esperava que meu trabalho deixasse os psicólogos mais à vontade com a tecnologia e os fizesse sentir que tinham um papel a desempenhar em seu desenvolvimento. Minha mensagem aos psicólogos foi, essencialmente, esta: aqui está uma tecnologia que funciona como uma espécie de máquina íntima e toca profundamente em questões de identidade. Fique atento a isso enquanto faz seu trabalho. Na prática clínica, quando os clientes falam sobre suas páginas da web, seus designs de desktop, seus avatares, eles estão falando sobre assuntos que vão muito além do técnico. A vida digital não é uma esfera da cultura cuja elaboração e interpretação devem ser deixadas para os engenheiros. Precisamos de praticantes da psicoterapia para entender suas dimensões mais profundas.

Em meados dos anos 1990, meus escritos sobre tecnologia e sobre o eu eram principalmente esperançosos sobre o impacto psicológico da cultura digital. De fato, em 1996, eu estava na capa da revista *Wired* por meu trabalho retratando avatares *online* como parte de um novo tipo de "jogo de identidade" que expandia a percepção das pessoas sobre si mesmas. Ironicamente, essa história de capa apareceu logo no momento em que eu estava mudando de ideia sobre onde estávamos permitindo que a tecnologia

[25] Traduzido por Júlia Freire Buére e Juliana Tassara Berni do original *The empathy gap - Digital Culture needs what talk therapy offers*, publicado na revista *Psychotherapy Networker*, disponível em https://www.psychotherapynetworker.org/article/empathy-gap.

nos levasse. Eu tinha duas preocupações que se relacionam: esperávamos mais da tecnologia e menos um do outro. Estávamos cada vez mais dispostos a conversar com as máquinas, mesmo sobre assuntos íntimos. E cada vez mais, com o surgimento dos dispositivos móveis, estávamos prestando atenção em nossos telefones e não uns nos outros. Em ambos os casos, houve uma fuga da conversa cara a cara. Em ambos os casos, a tecnologia estava nos encorajando a esquecer que a essência da conversa é aquela em que os significados humanos são compreendidos, onde a empatia[26] está envolvida.

Lecionando no MIT, eu estava no núcleo de onde as máquinas são apresentadas como companheiras e parceiras de conversa. De fato, alguns de meus colegas mais próximos estavam começando a desenvolver programas que substituiriam psicólogos, embora não houvesse como essas máquinas fazerem nada além de oferecer respostas que enganassem as pessoas, fazendo-as pensar que essas máquinas estavam realmente entendendo o significado humano do que estava sendo compartilhado com os programas.

Essas propostas técnicas eram sedutoras. Em meus estudos de inteligência artificial, entrevistei centenas de pessoas de várias gerações que, ao longo dos anos 1990 e início dos anos 2000, entusiasmaram-se com a ideia de terem robôs como amigos, de programas de computador como conselheiros. Nisso, elas não estavam apenas dispostas a aceitar a simulação de compreensão como compreensão genuína, mas a simulação de sentimento como o sentimento em si, como um aluno do último ano do ensino médio que me disse que um programa de computador com inteligência artificial seria um recurso melhor do que seu pai para falar sobre garotas e namoro, porque o programa teria muito mais "informações" e "casos" para trabalhar.

---

[26] N. da trad.: Sherry Turkle já vem trazendo o problema da empatia em suas publicações há vários anos. Em *Reclaiming conversation: The power of talk in a digital age* (2015), a autora postula a "crise da empatia" como decorrência e, ao mesmo tempo, origem das dificuldades sociais que enfrentamos na cultura digital. Nessa obra, Turkle já aponta para um conceito de empatia que inclui a vulnerabilidade e a diferença, quando diz, por exemplo, que para escutar verdadeiramente é preciso incluir as particularidades do outro e nossa própria vulnerabilidade. Em *Empathy Rules* (2022), Turkle apresenta um conceito bem mais amplo de empatia, que ela organiza através de suas "quatro regras da empatia". A primeira dessas regras é "acolher o não saber", que ela chama de humildade radical. Para ela, quem escuta deve abrir mão de suas ideias preconcebidas e, ao contrário, não saber nada sobre o outro, pois, assim, abre-se espaço para a "verdade das coisas". A segunda regra é "aceitar a diferença radical", pois a empatia não deve ser avessa aos conflitos. Como ela explica, para sermos empáticos devemos estar dispostos a enfrentar o conflito mesmo quando é desconfortável. A terceira regra é "sustentar o compromisso", ou seja, engajar-se, verdadeiramente. Isso implica num certo empenho de compreensão do problema. A empatia é uma disciplina de respeito tanto pessoal, quanto cívico, ela diz. Por fim, a quarta regra é "abraçar a comunidade", pois quando nos sentimos pertencentes a uma comunidade, ou seja, parte de algo maior do que nós mesmos, a empatia é favorecida. As construções de Turkle, especialmente levando-se em conta essa última definição de empatia, podem contribuir para pensarmos as dificuldades no laço social na cultura digital, alinhando-se com as concepções psicanalíticas que concebem o Outro em sua diferença radical.

Esse foi essencialmente o argumento que encontrei quando participei de uma mesa-redonda com engenheiros e cientistas sociais para falar sobre a introdução da Siri, a agente de conversa no iPhone da Apple. O assunto voltou-se para o quanto as pessoas gostam de falar com a Siri, e parte do fenômeno geral de que as pessoas se sentem desinibidas quando falam com uma máquina. Um dos cientistas sociais do programa sugeriu que em breve uma Siri aprimorada e um tanto suavizada poderia servir como psiquiatra.

Não parecia incomodá-lo o fato de que a Siri, no papel de psiquiatra, estaria aconselhando as pessoas sobre suas vidas sem ter vivido uma. Se a Siri pudesse se comportar como um psiquiatra, disse ele, então poderia ser um psiquiatra. Se ninguém se importa com a diferença entre o "como se" e a coisa real, deixe a máquina tomar o lugar da pessoa. No início dos anos 2000, eu achei esse tipo de raciocínio tão difundido que dei a ele um nome. Este foi o pragmatismo do "momento robótico". Nós não havíamos fabricado máquinas que poderiam servir como psicólogos ou como companheiras, mas estávamos dispostos a nos comportar como se tivéssemos feito isso. Antes de criarmos máquinas que poderiam nos entender, mudamos nós mesmos para estarmos à disposição delas: diminuímos nosso apreço pela nossa própria conversa entre humanos.

O que uma inteligência artificial pode saber é sobre sua agenda, sobre o conteúdo literal do seu e-mail, suas preferências em filmes, TV e comida. Se você usar tecnologias de detecção corporal, ela pode saber até que ponto essas coisas ativam você emocionalmente, uma vez que pode inferir de marcadores fisiológicos. Entretanto não entende o que qualquer uma dessas coisas significa para você, pois não as está julgando do ponto de vista do ser humano.

Nossa disposição para conversar com máquinas faz parte de uma cultura de esquecimento que desafia a psicoterapia hoje. O que estamos esquecendo é o que torna as pessoas especiais, o que torna a conversa autêntica, o que a torna humana, o que faz da psicoterapia a cura pela fala.

Estas são algumas das consequências de esperar mais da tecnologia do que ela pode oferecer. Eu também disse isso em nossa fuga da conversa: esperamos menos um do outro. Aqui, a comunicação através do celular e das redes sociais é protagonista. Claro, nós não vivemos em um mundo silencioso, conversamos um com o outro. E nós nos comunicamos *online* quase o tempo todo. Mas estamos sempre distraídos pelos mundos em nossos telefones, e é cada vez mais comum fazermos grandes esforços para evitar um certo tipo de conversa: aquelas que são cara a cara e espontâneas, e requerem toda a nossa atenção. Aquelas às quais as pessoas saem pela tangente e voltam em um caminho imprevisível e autoconfiante. Em outras palavras, o que as pessoas estão fugindo é do tipo de conversa que a psicoterapia tenta promover, do tipo em que a intimidade floresce e a empatia prospera.

Nesse contexto cultural, o que acontece no consultório?

Quando converso com psicólogos, eles dizem-me que hoje em dia é mais difícil para os clientes se concentrar em conversas cara a cara. Eles podem nem perceber o valor dessa conversa, sentindo-se mais confortáveis com o eu que podem apresentar em suas telas. E no espírito do momento robótico, podem se sentir confortáveis com aplicativos em seus telefones que, para eles, servem, pelo menos, como parte do trabalho que a psicoterapia algum dia já fez. Em vez de se relacionarem diretamente com um psicólogo da vida real, usam aplicativos nos quais você conta sua história e outros que a analisam. Eles são atraídos por aplicativos que acalmam e informam se você é culpado por distorcer seu campo cognitivo. Enfrentamos agora uma geração de clientes que podem precisar de psicoterapia para aprender os rudimentos da conversa emocionalmente reveladora.

A tecnologia cria um novo estado do Eu

Nas últimas décadas, a tecnologia mudou não apenas o que fazemos, mas também quem somos. Algumas dessas mudanças se aproximaram de nós, até que, aparentemente e de repente, enfrentamos uma geração que parece radicalmente diferente daquelas que vieram antes. Minha investigação ao longo das gerações mostra que algumas das mudanças mais impressionantes estão ligadas às práticas sociais que empregamos com os nossos telefones e outros dispositivos.

Online, podemos fazer a curadoria de como queremos ser vistos. Podemos editar nossas conversas. Podemos cultivar a ilusão de que podemos dizer a "coisa certa". Ser "polido" e entregar-se à fantasia da perfeição torna-se mais valorizado do que a autenticidade. Compare tudo isso com as lições mais simples da psicoterapia: ali, aprendemos rapidamente que, quando tropeçamos, perdemos as palavras e ficamos em silêncio, é nesse momento que podemos nos revelar mais uns aos outros.

Então, hoje, a psicoterapia torna-se um ator em um momento dramático. A cultura digital ameaça a nossa capacidade de falar espontaneamente e, talvez ainda mais importante, prejudica a nossa capacidade de compreender o valor da conversa. Nos dias atuais, somos tentados a permanecer na segurança das nossas telas quando nos comunicamos. Um jovem que entrevistei disse o seguinte: "Conversa? Vou lhe dizer o que há de errado com a conversa. Acontece em tempo real e você não pode controlar o que vai dizer".

Enquanto a tecnologia seduz com sua oferta de controle, a conversa presencial oferece a oportunidade de vivenciar diretamente a imperfeição, a empatia e o relacionamento. E, dessa forma, encontramo-nos num momento cultural em que a psicoterapia está a ser marginalizada por não ser suficientemente "científica", por não fornecer estudos de resultados suficientes para legitimá-la às seguradoras e fazê-la parecer rentável. Ao mesmo tempo, ela é mais necessária do que nunca numa cultura mais ampla que, em aspectos importantes, ficou em silêncio. Dito de outra forma, os psicólogos são especialistas no tipo de conversa que a cultura digital mais necessita, o tipo de conversa em que damos atenção total uns aos outros, o tipo de conversa que é relacional e não transacional. Mas para assumir esse papel, para avançar dessa forma, os psicólogos têm de sair da postura defensiva que muitas vezes assumem quando se trata de questões técnicas e científicas.

Falo com psicólogos em muitos contextos, como colegas e também como pesquisadores em entrevistas formais enquanto prossigo com meus estudos. Em todas essas situações, constato que muitos médicos talentosos sofrem de uma crise de confiança, inseguros quanto à relevância da sua profissão num mundo de alta tecnologia que, em muitos aspectos, parece ter passado despercebido. Essa desmoralização pode assumir muitas formas. Pode ser mais difícil encontrar clientes de psicoterapia, por exemplo, na medida em que mais e mais pessoas pedem medicamentos e um "check-in" a cada poucos meses, mesmo quando você as incentiva a tentar duas ou mais sessões de psicoterapia por semana.

Empatia em declínio

Cada vez mais nos afastamos uns dos outros à medida que nossa comunicação cara a cara compete com nossos telefones. Queremos estar uns com os outros, mas também estar conectados com outras pessoas e lugares *online*. Em meu trabalho de campo, estudantes universitários contaram-me como lidam com isso quando comem com amigos no refeitório. Eles observam "a regra de três".

Isso significa que, em uma conversa no jantar, digamos, entre seis pessoas, você precisa verificar se três pessoas estão prestando atenção em quem está falando — com a cabeça erguida — antes de se permitir olhar para o telefone. Então a conversa prossegue, mas com pessoas diferentes mantendo a cabeça erguida em momentos diferentes. O efeito é o esperado: a conversa é limitada a tópicos que as pessoas sentem que podem entrar e sair facilmente.

Na verdade, pesquisas mostram que, quando as pessoas estão juntas, digamos, para almoçar ou tomar um café, e até mesmo a presença de um telefone sobre a mesa (mesmo um telefone desligado) causa duas coisas. Primeiro, muda o que as pessoas falam — mantém a conversa leve porque o telefone é um lembrete de que, a qualquer momento, podemos ser interrompidos, e não queremos ser interrompidos quando falamos sobre algo importante para nós. Em segundo lugar, conversar com telefones sobre a mesa, ou mesmo com telefones na periferia de nossa visão, interfere na conexão empática. Conversas entre duas pessoas que acontecem com um telefone sobre a mesa fazem com que cada pessoa sinta menos conexão e compromisso com a outra pessoa.

Como é tão frequente falarmos uns com os outros enquanto seguramos, literalmente, os nossos telefones, não é surpreendente que comecemos a ver evidências de um declínio da empatia. Em 2010, uma equipe da Universidade de Michigan, liderada pela psicóloga Sara Konrath, reuniu as conclusões de 72 estudos realizados ao longo de um período de 30 anos e descobriu um declínio de 40% nos marcadores de empatia (medido como a capacidade de reconhecer e identificar os sentimentos dos outros) entre estudantes universitários. A maior parte do declínio ocorreu depois de 2000, o que levou os investigadores a ligá-lo à nova presença das comunicações digitais.

Considerar um declínio da empatia enfatiza a importância do papel do psicólogo na nossa cultura digital. O trabalho básico do psicólogo é, agora, o trabalho mais necessário: sentar-se calmamente com um cliente, dar-lhe toda a atenção, criar um espaço para prestar atenção aos seus próprios pensamentos e ouvir o outro. Defender que essas coisas são importantes é algo que a vida hoje não faz. Condicionada pela experiência de vida na tela, a expectativa das pessoas é que o mundo chegue até elas num fluxo constante. A solidão torna-se dolorosa. No semáforo, na fila do supermercado, você vê as pessoas se voltando imediatamente para seus telefones. Como cultura, a nossa capacidade de solidão é desafiada pela cultura da alimentação contínua.

Veja o caso de Vanessa, uma estudante universitária que fala sobre sua dificuldade em ficar sozinha com seus pensamentos e seu hábito de usar o telefone para evitar falar com outras pessoas. "Enquanto eu tiver meu telefone, nunca ficaria sentada sozinha e pensando", diz ela. "Meu telefone é meu mecanismo de segurança contra a necessidade de conversar com novas pessoas ou de deixar minha mente vagar. Eu sei que isso é ruim, mas enviar mensagens de texto para passar o tempo é um estilo de vida".

Vanessa descreve um modo de vida que cobra seu preço. A capacidade de sentir solidão é a pedra angular da capacidade de relacionamento. Somente quando conseguirmos nos recompor, poderemos nos voltar para os outros e realmente ouvir o que eles têm a dizer, realmente ouvir quem eles são, em vez de projetar neles o que precisamos que eles digam para apoiar nosso frágil senso de identidade. Parafraseando Winnicott: "Se você não ensinar seus filhos a ficarem sozinhos, eles apenas saberão como ficar solitários".

As crianças aprendem a capacidade de ficar sozinhas estando "sozinhas" com adultos atenciosos. Gradualmente, a criança fica confortável em ficar sozinha consigo mesma. Como empreendimento terapêutico, a psicoterapia é, crucialmente, um lugar onde os clientes podem aprender a ficar a sós consigo mesmos estando "a sós" com os seus psicólogos. O que mudou é que, hoje em dia, os clientes precisam disso mais do que nunca. E não apenas clientes. A cultura da psicoterapia afeta nossa cultura como um todo. A forma como procuramos ajuda, o que esperamos que seja a ajuda, muda os nossos valores de uma forma mais ampla. Neste momento, a cultura digital fecha as questões que a psicoterapia sabe como abrir.

Os valores da psicoterapia – o valor que ela atribui à convivência, à formação de um vínculo empático e à atenção silenciosa necessária para tanto — tornam-se valores centrais de influência cultural. Se antes a psicoterapia permitia aos pacientes desenvolverem a capacidade de falar sobre a sexualidade de uma forma que era proibida fora do consultório, agora existe um novo imperativo: experimentar a solidão e uma experiência de conexão tranquila e empática com o outro.

Conversa íntima

Alguns psicólogos me contam que, quando os clientes lhes dizem que desejam manter os telefones à vista durante as sessões, os psicólogos costumam concordar. Talvez, argumentam os psicólogos, isso seja tranquilizador.

Talvez seja assim que todos viveremos as nossas novas vidas, incluindo as nossas vidas em tratamento. E os psicólogos também ficam tentados a deixar o aparelho celular disponível. Isso significa que eles também podem ver quem envia uma mensagem de texto ou liga durante uma sessão. Mas um telefone à nossa vista nos coloca em um estado de confusão de atenção. Um cliente que está com o telefone a seu alcance não está cultivando a capacidade de prestar atenção total no outro. E, quanto aos psicólogos que deixam os seus próprios telefones à vista para poderem ver as mensagens de texto e as chamadas recebidas, argumentando que isso os alertará para "emergências", isso precisa ser tratado como uma má prática. Isso modela o problema, não a solução.

Na verdade, como profissão, os psicólogos hoje são tentados a afastar-se das complexidades da conversa cara a cara pela conveniência de fazer psicoterapia *online*. Esta é uma tentação que se estende a todos os ramos da profissão e a todas as "ideologias" terapêuticas, dos psicólogos cognitivo-comportamentais aos psicanalistas. É claro que fazer sessões de psicoterapia por telefone tem sido uma prática padrão há décadas. Muitos psicólogos sentiram que isso lhes era útil durante as férias, para clientes cujo trabalho envolvia viagens frequentes ou quando os clientes se mudavam e decidiam continuar a trabalhar em vínculos já estabelecidos. Mais recentemente, porém, uma conveniência transformou-se num modo de vida em algumas ocasiões. Os psicólogos argumentam que as plataformas digitais permitem atender clientes de qualquer parte do mundo. Não é mais necessário, e não há sentido, em ter um local físico para a prática.

Fiquei impressionada ao ver como a comunidade de psicólogos, incluindo aqueles que nos trouxeram alguns dos escritos mais comoventes sobre a presença e o corpo, parece rápida em ignorar a importância do corpo no tratamento. Essa compreensão de como a experiência corporal está implicada em uma conversa íntima, demonstra como a tradição terapêutica contribuiu para a nossa cultura mais ampla: estamos uns com os outros, corpo e mente, palavras e corpos, todos ligados. Os psicólogos explicaram como, quando ouvimos profundamente uns aos outros, temos experiências corporais imediatas decorrentes das trocas de palavras que demonstram a nossa ligação e complexidade. No entanto, nas minhas reuniões com psicólogos, descubro que, quando o tratamento via plataformas é discutido, o corpo, às vezes, é apresentado como quase irrelevante. E frequentemente vejo uma progressão no pensamento. A princípio, tratar um cliente pelas plataformas é apresentado como "melhor que nada". Aos poucos, o que você pode fazer pela plataforma começa a ser apresentado como equivalente, ou talvez melhor, do que o que você pode fazer com o cliente na sala de consultório.

Numa reunião clínica, desta vez psicanalítica, uma analista me disse que, num tratamento que está conduzindo via plataforma, ela sente "uma aceleração" e as sessões "parecem mais intensas" do que quando o cliente está com ela em seu consultório. Fico triste quando aponto que existe literatura sobre como a experiência *online* nos coloca num estado de hipervigilância no qual é natural sentir uma aceleração. Nossas experiências *online* uns com os outros podem ser estimulantes, mas não incentivam necessariamente a atenção relaxada e flutuante que a tradição analítica há tanto tempo argumenta ser uma forma privilegiada de acessar o inconsciente.

Por que os psicólogos são tão rápidos em abandonar o corpo e o que isso traz para a nossa compreensão? Ou será que sempre quisemos fugir dos nossos corpos, da ansiedade de estarmos juntos dessa forma confusa, e agora temos uma oportunidade? Essa é a minha crença e a razão pela qual acredito que a tecnologia nos convoca a um grande desafio. Sempre quisemos fugir do que há de mais difícil em nossos relacionamentos, e agora a tecnologia nos dá um caminho. Ao mesmo tempo, somos desafiados a afirmar os valores que estão no cerne do que significa ser humano e a nos posicionarmos em defesa de um trabalho que evoque nossa capacidade de significação, empatia e relacionamento. E pela desordem que tudo isso traz.

No seu desejo de fugir da bagunça em direção a algo que pareça mais arrumado, os profissionais "psis" não estão sozinhos. Nossos clientes também sonham com um mundo mais organizado, onde não tenham que lidar com a confusão das palavras e a presença real de outras pessoas. Uma manifestação dessa posição é tomar uma conversa mais como uma fonte de informação do que como uma oferta de relacionamento. Lembra-me aquele aluno do último ano do ensino médio que achava que um programa de computador tinha mais a dizer sobre namoro do que seu pai, devido ao tamanho de seu banco de dados. Essa atitude informativa e transacional em relação à conversa tornou mais fácil aceitar também a ideia de psicoterapia como sendo sobre informação e, portanto, aberta para ser entregue por uma máquina e resumida a um programa ou aplicativo.

Na minha pesquisa, descobri que muitas pessoas que são atraídas pela noção de terapia por meio de um programa rico em informações também gostam da ideia de que a máquina não faria julgamentos. A mãe de uma criança de 9 anos diz: "Não julgar é algo que os psicólogos deveriam fazer, mas raramente fazem". Ela continua me contando que sua filha desabafa com a Siri no iPhone da Apple. A garota sente-se à vontade para expressar seus sentimentos para a Siri. Com as pessoas, diz a mãe, é mais provável que ela desempenhe o papel de "boa menina". Essa autoexpressão não é uma coisa boa? Talvez, mas uma das lições mais importantes que as crianças devem aprender é que dizer algo com raiva a um pai não destrói um pai — que a fantasia de que se pode destruir um pai com pensamentos raivosos é apenas isso, uma fantasia. Essa lição, de que as palavras não destroem, liberta a capacidade da criança de sentir e expressar emoções. Mas a oportunidade de aprender essa lição crucial perde-se se uma criança recorre a uma máquina quando quer dizer "coisas difíceis". Isso é exatamente o que essa mãe não deveria querer ensinar à filha. E, no entanto, para ela e para muitos outros, parece uma solução cada vez mais aceitável.

O caminho a seguir

Conheci recentemente Sara Konrath, autora principal do estudo que estabeleceu o "declínio da empatia" entre estudantes universitários nos últimos 30 anos. Ela contou-me que depois de analisar as descobertas e de o estudo ter sido publicado e amplamente divulgado na mídia, ela ficou desanimada. O quadro para o futuro parecia sombrio. A primeira resposta de Konrath: ela começou a desenvolver o que chamou de "aplicativos de empatia" para o iPhone. Ela pensou que seria uma atitude sensata: se você praticasse nesses aplicativos, poderia se sair melhor no desenvolvimento da empatia.

Konrath seguiu um impulso comum: se a tecnologia nos colocou em um problema, a tecnologia nos tirará dele. Todos nós somos tentados por essa ideia. Mas acredito que seja um mito que nos afasta do óbvio — nós somos o aplicativo de empatia! Essa verdade simples deve colocar os praticantes da escuta empática e da autorreflexão, no centro das discussões culturais mais importantes da atualidade. Mas vejo muitos psicólogos acuados por uma crise de confiança sobre suas crenças fundamentais no poder das palavras e dos relacionamentos. Já lhes disseram muitas vezes que os "métodos científicos" usam psicofarmacologia e protocolos. E também os vejo recuados pelas tentações que partilham com os seus clientes, entre estas, a tentação de usar a tecnologia para tornar a sua vida mais cômoda e dar a impressão de que estão a organizar conversas.

Não sou mais uma psicóloga praticante, mas recentemente tive experiências com meus alunos que permitiram relacionar-me diretamente com essas tentações. Acho que meus alunos não querem mais comparecer no horário de expediente. Eles querem me enviar e-mails, alguns até falam em querer me enviar "e-mails perfeitos" que tirem suas dúvidas da forma mais direta e exata. E eles querem que eu lhes envie os e-mails certos em troca. Procuro explicar a eles o que sei: que quem já foi iluminado pela aprendizagem não teve essa experiência porque enviou uma pergunta perfeita e recebeu uma resposta perfeita. O mais provável é que tenham ido ver um professor com uma pergunta muito imperfeita e esse professor disse: "Isso não me parece certo. Mas trabalhe nisso. E volte na próxima semana. Estarei aqui. Vamos analisar isso novamente, juntos". Novamente, juntos. A chave aqui é a oferta de estar lá de novo e de novo. O que faz a diferença para o aprendizado é a oferta de relacionamento. A fantasia da troca de e-mails perfeita é a fantasia de transformar um relacionamento em uma transação, uma conversa em uma conexão.

E ainda assim, quando uma aluna me diz que não quer comparecer no horário de expediente e pergunta: "Eu poderia responder por e-mail, por favor?", eu chego a cogitar ceder. Pois, se eu deixar esse contato acontecer por e-mail, posso ter mais controle sobre minha agenda. Eu sei que o e-mail dela provavelmente será mais específico. Isso significa que não corro o risco de ser confrontada com todas as outras coisas que surgem durante o horário de expediente, quando os alunos estão desprevenidos — aprender sobre problemas familiares, problemas financeiros, pânico, estresse com colegas de quarto. São coisas que farão com que eu me envolva, gaste muito tempo, atenção e energia.

Estudos mostram que o que os alunos obtêm ao sair da faculdade depende, em grande medida, de o corpo docente conseguir que eles compareçam no horário de expediente e façam perguntas imperfeitas. E, no entanto, como todo psicólogo que considera uma sessão via plataforma digital para passar um fim de semana prolongado, fico tentada quando um aluno deseja substituir uma troca presencial por e-mail. A conexão digital é uma forma de manter meu trabalho simples e minha vida mais organizada. Temos que lembrar por que é importante sermos as pessoas confusas e complexas que somos. Temos que nos apoiar mutuamente, lembrando que o tipo de conversa que pode parecer antiquada é, na verdade, neste momento em que vivemos, a mais necessária e essencial. E ainda mais essencial porque vem sendo retratada como substituível por algo mais rápido, mais barato e mais preciso.

O que os psicólogos precisam reconhecer é a razão pela qual precisamos conversar: construir relacionamentos que sejam o triunfo da conexão humana confusa e vibrante em detrimento da instrumentalidade fria de tratar uns aos outros como aplicativos.

Referências

Turkle, S. (2022, fevereiro). Empathy Rules. *Harvard Business Review.* https://hbr.org/2022/02/empathy-rules.

SOBRE OS AUTORES

Organizadores

Nádia Laguárdia de Lima

Psicóloga, psicanalista. Doutora em Educação pela Universidade Federal de Minas Gerais (UFMG), com pós-doutorado em Teoria Psicanalítica pela Universidade Federal do Rio de Janeiro (UFRJ). Mestra em Educação pela UFMG. Especialista em Docência do Ensino Superior e em Clínica e Saúde Mental pelo Centro Universitário Newton Paiva. Professora associada ado Departamento de Psicologia e do Programa de Pós-Graduação em Psicologia da Faculdade de Filosofia e Ciências Humanas da UFMG. Coordenadora do laboratório Além da Tela: Psicanálise e Cultura Digital da UFMG. Integrante do LEPSI seção Minas. Pesquisadora associada ao GT Psicanálise e Educação da ANPEPP. Integrante da Rede Internacional Coletivo Amarrações.

Orcid: 0000-0001-7949-0169.

Juliana Tassara Berni

Psicóloga, psicanalista. Doutora e mestra em Psicologia (Estudos Psicanalíticos) pela Universidade Federal de Minas Gerais (UFMG). Graduada em Psicologia pela UFMG. Pesquisadora do laboratório Além da Tela: Psicanálise e Cultura Digital e do Laboratório de Psicologia e Educação da UFMG. Atua no atendimento clínico a crianças, adolescentes e adultos.

Orcid: 0000-0003-0557-169X.

Márcio Rimet Nobre

Psicólogo, psicanalista. Doutor em Psicologia (Estudos Psicanalíticos) pela Universidade Federal de Minas Gerais (UFMG). Mestre em Psicologia pela Pontifícia Universidade Católica de Minas Gerais (PUC Minas). Graduado em Psicologia pela Universidade Federal de São João del-Rei (UFSJ). Pesquisador do laboratório Além da Tela: Psicanálise e Cultura Digital e do grupo de pesquisa e extensão Janela da Escuta da UFMG. Docente contratado do Departamento de Psicologia da UFMG. Atua no atendimento clínico a adolescentes e adultos.

Orcid: 0000-0001-7130-0906.

Allisson Vasconselos

Psicólogo, psicanalista. Doutorando e mestre em Psicologia (Estudos Psicanalíticos) pela Universidade Federal de Minas Gerais (UFMG). Graduado em Psicologia pela Pontifícia Universidade Católica de Minas Gerais (PUC Minas). Pesquisador do laboratório Além da Tela: Psicanálise e Cultura Digital e do Laboratório de Psicologia e Educação da UFMG. Atua na interseção psicanálise e cultura, tendo interesse pela pesquisa de fenômenos sociais e políticos manifestos em ambientes virtuais.

Orcid: 0000-0001-9394-6505.

Autores

Carolina Spyer Vieira Assad

Advogada, psicanalista. Mestranda em Psicopatologia, Psicologia Clínica e Psicanálise e licenciada em Psicologia com diploma universitário em Bases Conceituais da Psicoterapia Analítica pela Université de Strasbourg. Mestra em Filosofia do Direito pela UFMG. Especialista em Epistemologias do Sul pelo CLACSO. Integrante do Coletivo Margarida Alves de Assessoria Popular.

Cínthia Demaria

Psicóloga, psicanalista. Doutoranda e mestra em Psicologia (Estudos Psicanalíticos) pela Universidade Federal de Minas Gerais (UFMG). Graduada em Psicologia pela Pontifícia Universidade Católica de Minas Gerais (PUC Minas). Pesquisadora do laboratório Além da Tela: Psicanálise e Cultura Digital da UFMG e do Laboratório de Clínica Psicanalítica: Invenções Subjetivas na Atualidade da PUC Minas. Atua na clínica com crianças, adolescentes e adultos e pesquisa temas relacionados à adolescência e à cultura digital.

Orcid: 0000-0002-7808-4019.

Cristiane de Freitas Cunha Grillo

Médica, psicanalista. Professora e orientadora do Programa de Pós-Graduação em Promoção da Saúde e Prevenção da Violência da Faculdade de Medicina da Universidade Federal de Minas Gerais (UFMG). Psicanalista integrante da Escola Brasileira de Psicanálise seção Minas, filiada à Associação Mundial de Psicanálise. Coordenadora do grupo de pesquisa e extensão Janela da Escuta da UFMG.

Orcid: 0000-0003-2216-7904.

Helena Greco Lisita

Psicóloga, psicanalista. Doutora e mestra em Psicologia (Estudos Psicanalíticos) pela Universidade Federal de Minas Gerais (UFMG). Graduada em Psicologia e em Arquitetura e Urbanismo pela Pontifícia Universidade Católica de Minas Gerais (PUC Minas). Pesquisadora do laboratório Além da Tela: Psicanálise e Cultura Digital da UFMG. Atua no atendimento clínico a adolescentes e adultos.

Orcid: 0000-0002-1975-3200.

Mariana Faria Sabino

Psicóloga, psicanalista. Mestranda em Psicologia (Estudos Psicanalíticos) pela Universidade Federal de Minas Gerais (UFMG). Especialista em Saúde do Adolescente pela Faculdade de Medicina da UFMG. Pós-graduada em Trabalho Social com Famílias e Comunidades pelo Instituto Aleixo. Graduada em Psicologia pelo Centro Universitário Newton Paiva. Psicanalista integrante da Escola Brasileira de Psicanálise seção Minas.

Patricia da Silva Gomes

Psicóloga, psicanalista. Doutora e mestra em Psicologia (Estudos Psicanalíticos) pela Universidade Federal de Minas Gerais (UFMG). Graduada em Psicologia pela Pontifícia Universidade Católica de Minas Gerais (PUC Minas). Pós-graduada em Educação Especial Inclusiva pela PUC Minas. Especialista em Psicologia Clínica pelo Conselho Federal de Psicologia. Pesquisadora do Além da Tela: Psicanálise e Cultura Digital da UFMG. Atua no atendimento clínico a adolescentes e adultos.

Orcid: 0000-0002-7470-9907.

Patrícia Laguardia

Psicóloga, psicanalista. Pós-graduada em Clínica Psicanalítica com Crianças e Adolescentes pela Pontifícia Universidade Católica de Minas Gerais (PUC Minas). Graduada em Psicologia pela Universidade Fumec. Possui formação em Psicanálise pelo Instituto Internacional de Psicanálise (IIP). Integrante da equipe de atendimento psicanalítico da Associação de Acolhimento aos Dependentes Químicos (ADQF). Atua como psicanalista em consultório particular.

Patrícia Spyer Prates

Psicóloga, psicanalista. Especialista em Saúde do Adolescente pela Faculdade de Medicina da Universidade Federal de Minas Gerais (UFMG). Pesquisadora do grupo de pesquisa e extensão Janela da Escuta da UFMG. Integrante do Núcleo de Investigação em Psicanálise e Medicina do Instituto de Psicanálise e Saúde Mental de Minas Gerais.

Raquel Marinho

Psicóloga, psicanalista. Pós-doutoranda e doutora em Psicologia (Estudos Psicanalíticos) pela Universidade Federal de Minas Gerais (UFMG), com estágio doutoral na Universidade Paris 8. Mestra em Psicologia (Psicologia Social) pela Pontifícia Universidade Católica de São Paulo (PUC-SP). Colaboradora da rede internacional *Jeunes, inégalités sociales et périphéries*, do laboratório Além da Tela: Psicanálise e Cultura Digital, do Laboratório de Psicologia e Educação da UFMG e do laboratório de Estudos e Pesquisas Psicanalíticas e Educacionais sobre a Infância (LEPSI). Atua como psicanalista em consultório particular.

Orcid: 0000-0002-4686-2445.

Sam Alcântara

Psicóloga, psicanalista. Doutoranda em Psicologia (Estudos Psicanalíticos) pela Universidade Federal de Minas Gerais (UFMG), com pesquisa financiada pela CAPES. Mestra em Psicologia pela Universidade de Fortaleza (Unifor). Especialista em Ciências Humanas: Sociologia, Filosofia e História com certificação profissional em Neurociências pela Pontifícia Universidade Católica do Rio Grande do Sul (PUCRS). Psicóloga pela Unifor. Pesquisadora do Além da Tela: Psicanálise e Cultura Digital da UFMG e do Laboratório de Estudos e Pesquisas Psicanalíticas e Educacionais sobre a Infância (LEPSI). Pesquisadora associada à Associação Brasileira de Pesquisadores em Cibercultura (ABCiber).

Orcid: 0000-0002-5185-8985.

Sherry Turkle

Professora Abby Rockefeller Mauzé de Estudos Sociais de Ciência e Tecnologia no Programa de Ciência, Tecnologia e Sociedade do Massachusetts Institute of Technology (MIT). Diretora fundadora da Iniciativa do MIT sobre Tecnologia e Autonomia. Recebeu conjuntamente o título de doutorado em sociologia e psicologia da personalidade pela Universidade de Harvard. Psicóloga clínica licenciada. Pioneira nas pesquisas sobre o "lado subjetivo" das relações das pessoas com a tecnologia, especialmente os computadores, é autora de obras de referência na interface dos temas cultura e terapia, tecnologia móvel, redes sociais e robótica sociável.